是時候，
讓自己踏上浪漫冒險了。

W's viva traveling

顏溫蒂 著

這是我被世界的 驚奇 與 美麗
所綁架的壯遊歷程。

我，只是想要走一段不會讓自己後悔、能夠在地圖上留下精采足跡的人生。

二〇一五年夏天，我在寮國街頭偶遇來自日本的Saku，殊不知，一把鑰匙就此為我打開了通往新世界的大門。個性和想法都很相近的我們，一下就成為無話不談的朋友。

「我正在環遊亞洲，每到一個國家就會去當地小學當義工教師，用寓教於樂的方式教導孩子日本童謠和文化。我想藉此接觸多元教育，也讓當地孩子透過學習去接觸世界，開拓視野。而我自己也想看看日本之外的世界。」

看著他那爽朗的笑容和炯炯有神的目光，我突然心生羨慕。原本就熱愛自助旅行的我，畢業後雖然陸續走訪了不少國家，但幾乎都在東南亞遊走，還未去過亞洲以外的地方。「我想要環遊世界！」這個自幼朗朗上口的願望，似乎在長大後漸漸變成一個夢想口號。在我仍舊坐在辦公桌前，看著螢幕上絕美的風景照幻想時，眼前這個年輕開朗的大男孩卻已經在實踐了

「或許我也可以做到吧！」我看著他，開始思考著。

回台灣後，內心一直想著，與其羨慕別人，倒不如去挑戰看看自己的極限在哪裡。如果不嘗試，就永遠不知道答案。萌生念頭後，我就開始一股腦地朝目標邁進。但這是一件人生大事，也需要得到家人的認同和支持。就在某個平凡到不行的一天，我心血來潮地提起規劃已久的夢想。

「我提離職了唷！今年要準備出去旅行了。」

「蛤！你說什麼？」

「我不是去年就跟你們說過，我要辭職去旅行，去很多國家冒險。」

先前潛移默化的心理建設，顯然家中兩老聽完後並沒有放在心上。家中掀起了一場革命，觀念傳統的爸爸反彈最大，認為我就是顛覆常理，竟然要放棄大好工作前程，踏上一趟不知為何的旅程。

「我不希望人生留下遺憾，等到老的時候，才在那裡感嘆後悔！」我直率地說出了想法，爸爸聽完後沉默許久。從小到大，固執的我只要想完成某件事，最終他還是會屈服妥協。世代輪替和對人生價值觀的想法見解，在我們這一代更顯現出差異。

「如果每個人這一輩子都要工作到六十歲，那麼，花上其中的一年做些自己喜歡的事

情，應該也很值得吧！」我這麼告訴自己。

沒有一定要得到什麼，也不知道能得到什麼。不是為了逃避，而是單純去追求自己內心所想。儘管眼前看不見這趟旅程的意義和答案，但我願意花時間去探索所有的可能性。

然而，當即將踏上冒險，對於離職後的生活以及旅途中的未知數等種種不安反而朝我席捲而來。但頭都洗了一半，硬著頭皮也要堅強起來！我向前輩請益，循序漸進地將前置作業一項項列出來，著手準備。

「自己的旅程，做自己就好，要走得長遠就要走的舒心，沒有一定要怎麼做，也不用和別人比較。」前輩不但給了很多寶貴建議，還傳承了一條防小偷腰帶給我，據說這條腰帶已走過兩趟環球旅行，如果我也順利完成，就是走過三趟環球之旅了，可說是哩程數爆表的冠軍腰帶呢！

雖然心裡忐忑不安，但還是告訴自己就下定決心，勇往直前吧！因為我很清楚，無論有再多的準備時間，心裡還是會覺得「一定還可以更好！」但永遠沒有百分百準備好的時候。過多的擔憂也無濟於事，因為人有時就只是需要奮力一搏。不用滿分，只有八十分也很完美，因為世上沒有最好的決定，只有當下最適的抉擇。

出發前，收到了各方接踵而來的打氣和溫暖鼓勵。看著被撐得圓鼓鼓的裝備，有一半的組成來自於親友的愛，我實在很難想像如果少了他們的支持，旅程會變成什麼樣子。因為，是他們用溫情與關懷堆砌了我的夢想。

行前家人給的最後考驗，就是要我去媽祖廟求得應允的聖筊。我不但順利擲到了，還得到媽祖娘娘的囑咐。籤詩寫著：「起步時，或許會遇到很多困難與阻礙，但只要堅定信心、勇往直前，頑鐵終究也會變成金。」

一點一滴、一關過一關，我告訴自己，要持續勇敢邁開步伐，才能寫下屬於自己的篇章。當一個人有了故事、才能獲得將熱情與意志傳達給他人的能力。

我是顏溫蒂，這是我被世界的驚奇與美麗所綁架的歷程。

CONTENTS

Chapter 01

由千島之國展開的
冒險旅程

印尼
INDONESIA

沉浸於莊嚴、神祕的氛圍之中，
為啟程的旅人洗去了內心的忐忑不安。

Indonesia

　　這趟沒預先買回程機票的旅程，光是決定第一站就遲遲無法下定決心，最後幾乎是搗著眼睛按下購票鍵。千島之國印尼，就是這次冒險的序章，這個位處南太平洋、全世界最大的群島國家，擁有豐沛的自然資源，以及天然活火山、湛藍的海洋風情及文化遺跡等多元特質，讓想上山下海的我，決定從印尼西邊的日惹一路往東至龍目島探險。

　　和以往不同，這趟旅行可不是忍耐個幾天就能回家的短跑競賽，而是學著和自己相處、隨時調整自我心態的長程馬拉松賽，唯一的對手就只有自己。印尼是起點，也是我成長之旅的開始。

迎接絡繹不絕的旅客，卻依然不減神聖感的婆羅浮屠。

秘境的探索，從當地人身上挖掘寶藏

我喜歡有故事的國度，也想見證璀璨的古文明，日惹就是這樣名符其實的存在。這是爪哇島上最古老、充滿宗教藝術的城市，更是爪哇文明的發源地。極富盛名的婆羅浮屠是世界最大的佛教遺址，也是聯合國教科文組織選定的世界遺產，與柬埔寨的吳哥窟、中國的萬里長城及印度的泰姬瑪哈陵，被人們譽為東方四大奇景。城市近郊的普蘭巴南寺，更是典型印度教建築，使用大量石材打造、高達四十七米的尖頂建築群，讓人見證古老文明的精髓和細膩。站在婆羅浮屠高塔，和眾人一起欣賞象徵「新生」的日出，清晨的雲霧飄渺增添了幾分神祕，這座莊嚴的建築，如同出淤泥而不染的蓮花，坐落於此長達好幾個世紀。

抵達日惹後，經過一番整頓，我開始藉由徒步、人力車、巴士等方式四處遊走，由於這裡有不少華僑，加上宗教信仰虔誠，對外來遊客也相當友善。巴士站售票員擔心我迷路，貼心地一一寫下要換車的站名及車次，造訪皇宮

和水晶宮時遇到的當地人Mbah也當起我的嚮導。氣派豪華的皇宮是蘇丹家族的主宮，依據爪哇的神話、信仰、哲理建構，從舊城區的紀念碑一路來到王宮、鄰近的默拉皮火山和狩獵宮，象徵著「人類的起源及終結」。過去王室的人還會以大象為坐騎，在宮與宮之間移動，而水晶宮早期也有水道，可以搭乘小船往返，這邊就像是皇家的高級泳池，嬪妃們會在此戲水，君主還能於高塔中挑選今晚要共度良宵的人選。

　　說得一口流利英文的Mbah，還帶我逛了私房景點，原以為他是收費的專業導遊，後來才發現他單純只想為我介紹他的家鄉，我也因此才知曉郊外有一處地點偏僻、深達六十公尺的天然鐘乳石洞穴秘境。這個鮮少有遊客造訪的原始地穴，上下都靠人力垂吊拉動。地下世界無盡地沿伸，大自然鬼斧神工的奧妙，壯觀到令人驚豔。由於光線不易照進，因此還能在某些地方形成難得一見的「天使之光」。

跟隨當地人的步調，在他們的生活中發現不亞於人氣景點的驚喜。

　　多聽、多看、多接觸、多嘗試。旅途中，從當地人身上更能學習到更真實珍貴的事物，無論是實際的生活體悟，還是像這種鮮為人知的景點，透過交流，才能交集出更多的火花和驚喜。不曉得是印尼人特別熱情或是老天爺的看顧，在前往下個目的地的火車上，鄰座大哥不但沿途與我聊天，還和我分享傳統點心，由於誤點的關係，抵達時已經是晚上十點半，還下起暴雨。擔心我獨自一人會有危險，大哥甚至還陪我搭計程車，把我安全送到旅社。冒險的首站，種下了許多信心和勇氣的種子，讓我知道不論後續還有多少挑戰，都要開心坦然地去擁抱那些未知的事物，旅行的過程就像是在滋養靈魂的綠苗，逐步成長茁壯！

對新世界滿懷好奇，對未知數保有信心

　　婆羅摩火山，如同皮克斯作品《火山戀曲》中的詮釋，震撼到訪者的絕妙景觀著實讓人嘆為觀止。外觀呈現雙子峰的她，也被稱之為世界最美麗的活火山。而美景也常伴隨著傳說，當地人相信火山是一位英勇王子為守護家人而壯烈犧牲的地方，所以每年到了傳統的火山祭典，人們會將金錢、穀物、家禽、蔬果等丟進火山口敬獻，感謝神靈的庇護。

　　半夜啟程，沿途綜覽滿天繁星，在清晨時抵達宛如沙漠的曠野，火山就近在咫尺。日出時雲煙裊裊，四周宛如幻想世界般的環境和漸層色彩的天空，在短短一小時內，色調從暖金黃一路轉變為藍天碧綠，我們身處的世界彷彿也跟著轉變。眾多等著載運遊客的馬匹駐足在貧脊凹凸的火山地，抵達火山口時，放眼望去盡是無邊無際的寬廣大地，這才深刻地體會到世界的壯闊，真的超乎自己想像。

　　過去我是個必定遵循計畫行事的人，但被奇景觸動的內心，也因此萌生不同的想法。對新世界滿懷好奇、對未知數保有信心，每個文化所贈與我的，都是一種新的感受；每種惶恐帶給我的，都是一種新的適應。

擁抱友誼，為旅程增添了溫暖

　　「我去找你啊！我也想去峇里島潛水。」高中姊妹Sonia為了幫我打氣，硬是找了個理由飛來第一站會合，為旅程增添了友情的繽紛色彩。我們租了摩托車在峇里島穿梭，走進神聖唯美的神廟，用聖水洗滌疲憊；踏進三界和諧哲學的蘇巴克水稻，見識一片翠綠、綿延七公里的稻田。繞過層層山路，停留在高山的湖神廟，感受神聖寧靜之美。在夜幕低垂前，追著夕陽餘暉來到海神廟，即便浪已漲潮無法步行穿越，但是在溫暖的黃昏光輝擁抱下，我們迎著海風悠閒地漫步，細數陸續現身閃爍的點點繁星。

不寂寞的旅程，總是有好朋友的相伴相陪。

　　由於Sonia只是短暫停留，不習慣擁擠吵鬧的我選擇回到烏布住宿，就在晚間四處遊逛時，兩位開朗的大男孩和酷帥的女孩向我搭話了。

　　「我們也是來旅行的，方便的話可以一起出去走走，留個WhatsApp好嗎？」

原以為只是單純的搭訕，也沒有細想太多。但是到了隔天早上，就在我還在思考行程時，就收到了他們的訊息。來自斯里蘭卡的他們難得出國，對於路上的人事物都十分好奇，並且用熱情親切的態度去接觸一切。

「還以為你們是大冒險隨機搭訕咧。」

「才不是咧，我們覺得你很親切，才想説約你看看啊！」

我們一起去了趟聖猴森林，那是烏布觀光區中的一處淨土，裡頭有兩百多隻野生猴子，是牠們的棲息地。森林內的祭典源自於印度教，當地人也會來此進行儀式參拜。隨處可見的猴群各據一方，裡面不乏許多可愛的猴子寶寶，當遊客太多或太接近時，猴媽媽還會拉住寶寶的尾巴、擁入懷中保護呢！不過還是有不少遊客大膽地用水果吸引猴子，試著讓牠們攀爬上肩膀。

充滿魅力的歷史風土，生意盎然的田野與大海，
熱情地迎接每一位來到此地的旅人。

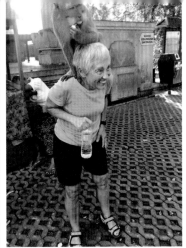

「你也試試看吧！很好玩喔。」一位外國大叔好心地遞出一根香蕉給我。結果竟然來了隻胖嘟嘟的猴子，因為我的肩膀窄到無法站立，牠竟然就直接採取掠奪的方式。坐在地上想稍稍休憩拍個照時，兩旁又有猴子猛衝上來夾擊，還抓住我的雙臂咬了一口，驚慌失措的我披頭散髮地朝友人和工作人員求助。

「嗯，請問我被猴子咬，有需要到醫院打破傷風針嗎？」

「小事啦，擦擦碘酒就好了。」工作人員一派輕鬆地回答。好豁達啊！

「對了，不要直視牠們的眼睛，或動作太大，牠們會以為你想當老大。」

而一旁的斯里蘭卡友人，被這戲劇性的發展逗得笑到無法自拔。由於彼此的樂觀與好奇心，加上這一天充實的探險，讓我們建立起友情，我也因此把斯里蘭卡列入了我後續行程的bucket list。「溫蒂！溫蒂！」一路上，他們三人開心地一直大喊我的名字，嚷嚷著要我快去拜訪他們的家鄉。

在這炎熱的夏天，我們用冰涼的巨大天然椰子乾杯。笑容，是給予彼此最珍貴、美好、純粹的寶物，而旅行者的緣分，總是像這樣不期而遇。

短短十幾天的第一站，從剛開始的緊張不安，轉變為從容坦然。雖然自己不會是最厲害的旅行者，但卻可以當個勇敢面對自己生命際遇的浪漫旅人，一切都沒想像中那麼困難，跨出一步，就會迎刃而解了！

Chapter 02

用淑女車征服烈日下的
微笑高棉

柬埔寨
CAMBODIA

堆砌的岩石所建構的，
除了過往輝煌，還蘊藏著綜觀人生的哲理。

叢林中的高棉帝國，集結了人類的智慧與精緻建築美學。

Cambodia

　　柬埔寨，失落的高棉帝國，首都金邊曾有「東方小巴黎」美譽的她，也曾度過一段金碧輝煌的時日。在國內紅色高棉勢力的肅清下，以極端、不人道的屠殺和勞動，迫害國內教師、文學家、藝術家等知識份子，排除異己及外來文化。共產黨的血腥暴力及長年內亂戰爭，讓當地過往的發展功虧一簣，基礎建設百廢待興、經濟和教育發展一落千丈，這也讓柬埔寨淪為世界發展落後的國家之一。

　　復甦的過程艱辛且漫長，政府的貪婪腐敗、黑幫、毒品、賭博、反叛軍等陰影仍籠罩著衰退的國度，但也隨著東協貿易及觀光產業的發展，讓她見到了一絲曙光。儘管旅遊景點寥寥無幾，但打著吸引外資投資房地產旗號的首都金邊，以及聞名世界的吳哥窟王朝遺址，讓這個國家在古樸意象中帶有逐步湧現的神祕活力，也讓每年來到這裡的遊客絡繹不絕。

重新思索金錢與獲得

　　搭乘TUKTUK車從機場前往市區，沿途黃土飛揚，氣候潮濕炎熱。在六月雨季抵達雖然悶熱，卻能避開旺季期間的大量人潮。我來到古城區外圍一間

五美金就能擁有的享受，滿足感超出想像！

評價很高的青旅，費用只要五美金，起初很擔心這麼佛心的價格會不會踩雷，但入住後才發現真的有「物美價廉」這種事呀！庭院有可泡腳的魚池、後院有新蓋的泳池、房內有獨立衛浴和冷氣。除此之外，早餐的選擇也很豐富，還提供免費的腳踏車，根本是飯店等級呀！

　要存到多少錢才能去環遊世界呢？啟程前完全沒有概念又不想花家裡錢的我，只好秉持著能省則省的最高原則。從食衣住行開始精打細算、能靠雙腿或腳踏車到達就盡可能不搭車，要滿足口腹之欲時也不一定要上餐廳，有時街邊小吃更道地美味，住則是乾淨即可。大概就是將慾望降至最低，抱持乾淨又能好好生活，並且維持愉快旅遊調性的基本原則。旅行的品質因人而異，最重要的是自己的心態，以及想要選擇一段怎樣的旅行。開始旅行也經過一段時日了，似乎已經習慣這樣的生活，用自己的步調寫下旅途的故事，不刻意追求什麼具體目標的旅行，卻意外帶給人簡單純粹的踏實感。

桃紅淑女車是我在街上探索的最佳旅伴。

　　我騎著青旅的桃紅淑女車出門探險，市區林立各式商店、電影院、商場、大型賣場、咖啡店，一眼望去都是觀光客。電影票價一張三美元，就能觀賞強檔大片，看似便宜，但在貧富差距甚大的柬埔寨，對當地人而言卻是高不可攀的奢華娛樂。零食餅乾皆是進口品，價格比台灣硬生生貴了二到三倍。在咖啡廳點上一杯簡單的拿鐵加糕點，就是一晚的住宿費。近年來因為觀光帶動經濟發展，街上乞討的人相對減少，但仍有不少人死於飢餓和疾病，年少就出來乞討、顧攤、叫賣的幼童更不在少數。望著街邊為維持家中生計，在胸前揹著簡易塑膠籃、販售紀念品和零食飲料的孩童，忽然覺得即便平凡但卻不必為下一餐煩惱的我們，該心懷更多的知足感恩。

用腳踏車來場吳哥窟巡禮，人生需要一些熱血激勵

　　烈日炎炎，同寢室友還是被我慫恿成功，決定一起騎腳踏車遊吳哥窟。除了外圈有點距離需要包車外，大部分景點都集中在小圈（小吳哥）和大圈（大吳哥）。我們決定趁一大清早前往，欣賞小圈舉世聞名的日出奇景。

　　從住宿地點到吳哥窟大約八公里，加上夏季大約五點太陽就會緩緩升起，東摸西摸的我們出門時已經有點延遲。由於早起的日子很艱辛，誰都不想重複第二遍，害怕錯過日出的我們一路上根本把腳踏車當飛輪在騎。室友們在後方，一路追逐著我的背影往小吳哥飛奔而去。

　　「溫蒂，你活力充沛耶，你都不會累嗎？」

　　「我們怎麼會這麼想不開，答應跟你騎腳踏車去啦！」

　　「你們用力踩就對了啦，就快要到了！」

吳哥窟探險隊出發！

來自西班牙的Ada和印度的Da，氣喘吁吁地跟在我後方。我一邊心靈喊話，一邊督促他們死命踩不要停，完全憑著一股因為不想再次早起而燃起的鬥志奮勇向前。抵達目的地後，我們三人已揮汗如雨。

日出的瞬間，陽光從小吳哥的建築群後緩緩撒出，暖橘色的光輝照耀整片大地，充滿了生命的美與力量，多色的彩霞搭配聖池吳哥的倒影，金光漫照得美不勝收。每年春分和秋分時，還會出現日出太陽位處最高塔正上方頂端的奇景，是前人根據天文地理、晝夜平分的原理設計出來的。

不管是埃及金字塔、墨西哥的馬雅宮殿，還是身處叢林的吳哥窟，古人將建築和大自然巧妙結合的設計思維，著實令人驚豔。聖方濟會修道士安東尼奧‧達馬德萊納曾描述：「她是如此非凡的建築，你無法用筆描繪她，因為她是世界上無與倫比的建築。她擁有林立的塔、裝飾以及匯集人類天才所能構思的精緻。」

日出後，我們繼續騎著腳踏車四處參觀，好處就是可以不斷走走停停，我們就這樣漫無目的地在叢林裡探險，沒有試圖找尋方向、也沒有為了找路感到急躁。吳哥窟的建築壁畫，每一處每一角都刻劃著故事，小吳哥石壁上的印度神話訴說著耗時三十五年、世界最大毗濕奴廟宇的歷史和高棉帝國過往的輝煌樣貌。

從巨大樹根盤旋的塔普倫寺經過，千年古樹和寺院的共存共生，加上電影《古墓奇兵》的光環加持，這裡擠滿了參觀的人潮。擁有十九道門的寶劍寺，門由外而內、高度逐漸降低，象徵著一路謙卑。而吸引我們停留最久的就是以「微笑四面佛」聞名的巴揚寺。它是唯一的大乘佛教寺院，最特別的就是每座佛塔都有以闍耶跋摩七世的形象所雕刻的四面佛，代表著慈、悲、喜、捨。慈祥的面容讓人心情平和，有人在此打坐冥想、有人靜靜速寫描繪，我們隨意地坐在一角，靜靜吹著微風，欣賞著佛像精緻的法相。佛淺淺

辛苦一天過後，來到夜市大吃
大喝犒賞自己。

的一抹微笑，似乎訴說著，不論人世間有再多的苦難，都能透過修行的精神
和力量度過，彷彿也在為旅行中的我排除心中的罣礙。

　　吳哥窟的內、外圈佔地相當廣，被譽為世界上最精緻的浮雕建築文化，很
值得深度探訪，如果事前做些功課，了解高棉帝國的歷史和宗教文化的脈
動，待你從入口處踏上前往吳哥寺院的通道時，就會深刻地體會到她已經在
訴說故事了。

　　不知不覺間，我們的腳踏車探索之旅竟在豔陽下騎了三十多公里，Ada和
Da哀嚎根本上了一艘動力十足的賊船。出發前，我還信誓旦旦地跟Da說：
「放心啦！只有八公里，輕輕鬆鬆。」想到這裡，大家也不禁大笑起來。回
程路上，我們開心地討論要去夜市吃晚餐，看我還一派輕鬆地一邊說話、一
邊不停踩著腳踏車往前奔馳時，Da也表示：「不管今天溫蒂吃什麼，都給我
來一份！」

齊聲歌唱的洞里薩湖孩子們

最後一天，我單獨騎往南邊的洞里薩湖，距離約莫十公里，是東南亞最大的淡水湖，也是當地居民的生命之湖。由於那年正值乾旱，路上所見都是龜裂的土壤、荷花池也一片枯涸，四處都是飛揚的塵土，唯一不變的，就是居民仍得努力討生活。逐水而居的他們沒有其他選擇，這裡就是家、就是他們生活的全部。

遠離觀光區，貧富差距表露無遺，彷彿像是宮崎駿動畫裡過了一個山洞後，就來到了另一個世界。不見高樓華廈，柬埔寨傳統高腳屋用木頭搭建，屋頂用茅草鋪蓋，從外頭看進去家徒四壁，炎熱的天氣加上衛生條件差，蒼蠅陰魂不散地盤旋著。這樣的家，能夠遮風避雨嗎？

「糖果、糖果、錢。」小朋友看到我，開心地追著腳踏車向我要東西。我搖搖頭，避免這樣的給予反而成為永無止盡的惡向循環，給和不給，一直是一體兩面的深奧課題。

途經一間學校，在簡陋的小空間裡，一塊白板加上桌椅，就成了教室。我停下腳踏車，站在籬笆外觀看。幾個孩子發現我，開始竊竊私語笑了起來。老師和我點頭致意，和學生說了幾句話後，只見一位男孩起身站到教室前

方，開始唱起了柬埔寨歌謠，而其他小朋友也一起哼唱起來，時不時地回頭衝著我笑。唱完整首歌後，我大聲鼓掌喝采，比了讚賞的大拇指鼓勵他們的好歌喉，雖然高棉語我一句也聽不懂，卻能感受到歌聲中的溫暖和力量。

「孩子們說想唱歌給你聽，這首歌講述高棉古老的文化，訴說孕育我們的黃金之湖。」老師向我說明。

「我可以幫他們拍張照嗎？」

「當然可以，他們會很開心的！」

全班的孩子興奮地站起來，對我露出像太陽般的燦笑。不怕生又充滿稚氣的模樣讓我也跟著笑開懷。我想這首歌的旋律，往後也會持續在記憶中餘音迴盪。

學習，是讓他們未來有更多可能的不二法門。

在柬埔寨的短短數天，讓我重新思考許多事情並不是理所當然，不是靠著金錢就能擁有。食物、水源、環境、教育，這些對我們而言再平凡不過的東西，對他們來說卻是得來不易、甚至遙不可及的機會。

一分一毫金錢可以發揮的價值也遠超過我們所想，並非要事事錙銖必較，而是要學著把有限的資源正確地花在刀口上，培養正確的價值觀，對旅行、對生活皆是。當我們走出了自我的世界，站在別人的觀點感同身受時，相信就能因此獲得更多不同以往的珍貴體悟。

有別於包車輕鬆遊覽，腳踏車旅程的意外驚喜和體驗，也帶來更深切的感觸與共鳴。在洞里薩湖湖畔，迎著夕陽，我再次想起暖光照耀在佛那微笑的臉龐上，那種平和慈祥，是體悟知足與生命意義的大智慧展現。

Chapter 03

總會找到一個再次拜訪的理由，
並又一次愛上她

泰國
THAILAND

散發莊嚴感的金碧輝煌。
在這傳統印象的背後，各種嶄新活力也正在躍動。

寺院、百貨、夜店、夜市，組成一個璀璨且活力十足的曼谷。在抵達曼谷市中心時已將近傍晚，這個從白天到夜晚都喧騰不已的繁華城市，和慢步調的我形成反差。只見司機老神在在地在著名的「泰國大塞車」中拿起手機玩遊戲、看影片打發時間，身處於急促繁忙的城市生活節奏，在停滯不前的車陣中磨練耐心與心志，儼然成為一種現世修行。

千佛之國的傳統面容。儘管是熟悉的意象，但每次映入眼簾都相當觸動人心。

如果不想塞在車陣中，心臟又很大顆的話，其實「計程機車」也是一個不錯的選擇，快速穿越大街小巷，見縫穿針的騎車技術，只要有空隙，它都鑽。雖然快速便利，但也坐得膽顫心驚。尤其揹著大行囊、司機又瘋狂飆速時，我幾乎呈現往後仰的狀態，深怕一個不小心就摔落。

「不用怕，我騎車技術一流的。」司機大哥一邊笑一邊催油門。我懷疑就算我滾下車，司機大哥也不會發現，但經濟實惠的計程機車，無疑是短程距離最好的交通工具。

沿途中所見的情景，隱約牽動了過去所累積的記憶，但定睛觀察，似乎又有許多的不同。這個以信仰與大象讓人留下深刻印象的國度，正順應著時代潮流而改變。

享受泰國夜晚的瘋狂室友們

考山路一向是背包客大本營，又號稱酒吧一條街。來自歐美的室友們安頓好之後，每一個都摩拳擦掌，準備好好度過狂歡的夜晚。然而對夜店一向沒有太大興趣的我，只想窩在房間睡覺。

「今天我們房間不能有人留下，尤其是你，溫蒂！」室友全圍了上來。於是在「不准落單」的獨裁政策下，我被連拖帶拽地抓出門。考山路人山人海、到處都是轟雷貫耳的音樂聲和派對。看似龍蛇混雜，卻也分外熱鬧親民。餐廳、旅行社、按摩店、禮品店、酒吧以及各式各樣的小吃攤販，在此迎接還不想歇息的人們。享譽盛名的千佛之國，在入夜之後，換上了截然不同的面貌。輕鬆隨興的氛圍，讓大家在又笑又跳中，喝了一輪又一輪的酒。小水桶裡，混著伏特加、威士忌、雪碧，又在「不准有人沒喝」的命令下，每人一口接一口，直至半夜，我們才在半醉半醒中搭車返家。

隔日，全寢上演《醉後大丈夫》，一半室友失憶、一半則神遊恍惚。精神

昭披耶河日落風光。

泰國文創產業興盛，除了展館之外，創意塗鴉或裝置藝術經常出現在生活一隅。

還不錯的我，吃完早餐就搭船準備前往恰圖恰市集尋寶。船，是曼谷重要的交通工具之一，觀光客常使用的是豪華藍旗船和經濟橘旗船，可靠著外觀及船尾端旗幟顏色辨別。搭船比搭車更便利，除了各大景點皆有停靠外，也不太會有河上「塞船」的情況。

微風吹拂，欣賞著昭披耶河的風光明媚，剎那間我突然眼冒金星、直冒冷汗，原以為是暈船，但世界彷彿天旋地轉，我忍住想嘔吐的衝動，用意志力硬撐到抵達目的地。

「嗨，你還好嗎？這瓶水沒開過，不介意的話你可以拿去。」船上乘客看我一臉慘白，以為我中暑，好心地遞上一瓶瓶裝水。由於身體不適，加上感覺再多走幾步路就要昏厥，瞥見船塢一旁有躺椅，我急忙蜷縮著身軀躺下。

「暈船？中暑？還是食物或酒精中毒？該不會要送醫吧！」想不透身體到底發生了什麼事，不適感讓恐懼席捲而來。一陣狂吐後，我就這樣在躺椅上睡著了，不曉得昏睡了多久時間，只記得船塢人員輕輕地搖醒我，確認我還安好。幸好，短暫休憩解除了不適感，我取消下午的行程，決定返回旅社休息。涼爽的冷氣房內，室友們都還在昏睡，伴隨著此起彼落的打鼾交響樂，我一頭栽進被窩中。此時只聽見隔壁床室友喃喃說道：「溫蒂，今天晚上要不要再一起去狂歡？」

異國風情大峽谷和古老洞穴

從曼谷搭乘巴士到清邁，約莫十個小時的車程，設備新穎還會提供許多零食點心，雖然廉航價格也十分優惠，但如果不趕時間又想省住宿費用，搭乘夜間巴士也是一個不錯的選擇。

泰北清邁是讓許多人念念不忘的城市，悠久的古城歷史、緩慢的生活步調、文創商店及特色咖啡館四處林立，近郊又有山林梯田，環境清幽。不同於繁華外顯的曼谷，她就像個內斂派的氣質姑娘，值得細細品味。在造訪古色古的香蘭納王朝古城區、氣勢非凡的黃金佛塔雙龍寺、避暑勝地蒲屏皇宮、假日文創及農夫市集等觀光景點後，我開始找尋鮮少人知的秘境。

古城西南近郊的「清邁大峽谷」，造訪時還是個荒涼秘境，近年來由於大肆開發宣傳，也變成熱門的新興景點，這些都源自一個美麗的錯誤。那裡原本是個砂礦採集場，挖成凹地後卻因故廢棄，之後卻陰錯陽差地在雨水長期累積下，形成異國風情的特殊峽谷面貌。

大峽谷由於地勢高，加上水深十五到二十米，被泰國年輕人發掘成為跳水勝地。但因沒有救生員及相關安全措施，意外層出不窮，被政府強制歇業。我抵達時，正好是休業改造期間，投資者收購後計畫逐步改善，打造成一座清邁大峽谷水上樂園。從外面向內望去，還是有零星的員工和遊客正在戲水，大膽的外國旅客則坐在懸崖邊拍照，輝映著碧綠色湖面，遠方大大的招牌模仿好萊塢，寫著「Grand Canyon」。雖非天然形成，但峽谷的壯觀仍不容小覷，當水上樂園打造好後，不曉得又會變成什麼樣的面貌呢。

另一處，則是位在拜縣五十公里外的譚羅德鐘乳石洞穴，好山好水群山環繞，完全天然景觀，也是我在泰北認為最值得一遊的秘境景點。由於距離拜縣有一段距離，多數遊客幾乎不會造訪此地，我和韓國室友租了機車，一身輕便裝扮就決定前往。山路蜿蜒崎嶇，一路林野風光。中途抵達制高點觀景

台時，那種心曠神怡的感受讓人覺得不虛此行，但驟降的氣溫也讓我們冷得直發抖，一個半小時後，好不容易才抵達目的地。

由於洞穴內漆黑無比，需要在嚮導陪同下搭乘竹筏才能進入。岩洞據說已有長達六億年的歷史，長年歲月的累積讓鐘乳石和石筍呈現迥異的奇特面貌，甚至還形成瀑布般柔順的鐘乳石柱。嚮導指著裡頭的奇岩怪石，逐一介紹這些大自然的藝術創作。來到最後的洞穴，船伕的背影在灑落的光線映襯下，讓我有種時空轉變、物換星移的錯覺，好像自己也來到了遠古時代。

這次相隔多年再次造訪泰國，還是感受到截然不同的新體驗和感受。泰國的迷人之處，就在於充滿驚喜變化，無論是傳統體驗、平價美食、戶外冒險、山林秘境，全部應有盡有，近年來在文化藝術的表現更是搶眼，也逐漸為這個國家增添了新的特質。更重要的，就是能在保留傳統之美的同時，開展出嶄新的軟實力，一個與時俱進的國家，怎會不讓人深深著迷呢？

Chapter 04

在佛塔聖地
尋訪生命的禮讚

緬甸

MYANMAR

當信仰與日常的界線淡化，
我們也更容易在細節中體察生活的真諦。

赤腳登上佛塔之城蒲甘，享受日出日落的美好。

「緬甸開放後轉變得非常快，三年前這裡都還沒有網路呢！」一位在歐洲長大的緬甸女孩這麼說著。這是她長大後，第二次回到自己的家鄉。瞬息萬變的環境，讓她在懷念中，似乎又帶有點陌生。

提到緬甸，多數人第一個聯想到的都是翁山蘇姬，尤其在著名電影《以愛之名》上映後，也讓更多人了解這個曾經被集權統治的國家。軍事統治期間，緬甸軍政府為掌握重要天然資源，對少數民族展開了肆無忌憚的殘暴行

仰光街景仍帶有歲月年華，孩童的表情亦流露出質樸的純真。

動，獨裁的政治造就了封建封閉的國家。將近一甲子的歲月，時間似乎也停止流動，凝結在那段沉重的過往回憶裡。

二〇一〇年好不容易推動改革開放，國內外陸續解除制裁、禁令，朝著民主化與社會開放的方向轉型。造訪緬甸時，正好適逢翁山蘇姬七十歲大壽，街上民眾已毫不忌諱地大肆宣傳慶祝，連身為觀光客的我都受邀參與。和樂融融的氛圍讓人感受到緬甸人對國家前景的期盼以及對多元文化的包容。

「趁緬甸尚未完全商業化前，來這裡體驗一下吧！等你下次再看到她的面貌，可能全都不一樣了。」緬甸女孩說道。

在生活中找到信仰，在信仰中體認生活

走進仰光市區，街道情景一度讓人懷疑自己眼花了，因為路上的車有左駕也有右駕，原來是因為緬甸的進口車有九成來自日本。儘管是中古車仍十分

仰光大金塔是百姓信仰的地標，虔誠的信眾會貼上金箔捐獻，更會一同維護寺院的清潔。

搶手，主因在於當地對日本品質有高度信任，才造成左右駕並存的現象。而公共巴士也多是日韓淘汰的二手車，車體外還標示著原本國家的文字，讓人一不小心就會萌生出置身於日本和韓國的錯覺。

一戶戶由磚瓦打造的舊式建築前都垂吊著繩子和小鈴鐺，綁著小瓢盆，取代了電鈴和信箱。拉一拉，「叮叮」一響，一趟交貨一趟交錢，真是便利又便宜的小巧思。

隨處可見的異國文字，頓時還真有身處日韓的錯覺。

　　街上穿著傳統服飾籠基和特敏的男女，那圍在腰間的長長裙圍，在潮濕炎熱的環境裡顯得清涼透氣。因為篤信佛教，寺院就是他們的第二個家，若不是人在寺院，就是在前往寺院的路上。由於參拜不能穿鞋襪入內，緬民幾乎全民必備一雙夾腳拖，在緬甸，它絕對是雙進得了廳堂、贏得了讚賞的國民鞋，就連上班上學都沒問題！

　　雨季來臨時，雷陣雨總像旋風般瞬間來襲，一下晴空萬里、一下雷雨交加。在仰光路邊躲雨時，我無聊地觀察路上的行人，果然不出所料，百人之中只有一個穿皮鞋啊！

生氣蓬勃的街景。觀察當地人的日常情景是旅途中不可或缺的重要樂趣。

出家就如同成年禮般，是件喜悅而慎重的事。

　　仰光的街頭，隨時可見身穿朱紅袈裟的僧侶，而緬甸人從不吝布施，認為「貧由吝嗇起，富從布施來」，種好因才會得善果。根據習俗，緬甸男性一生都要出家一次，次數不限，可根據自己的意志決定出家時間長短，隨時都可以還俗。有人願意一生奉獻，有人則盼望組建家庭，當家族中有男孩要出家時，還會敲鑼打鼓歡送呢！

　　更特別的是，由於緬甸內觀禪修文化非常盛行，不少外國旅人都會前來體驗，讓自己抽離繁雜的文明世界，靜心回歸自己的內在本質。短則十天，長則半年，跟著禪師一起小參修行，找回透徹自在的心靈。

　　「溫蒂，我每天早上四、五點起床，跟著他們一起上早課、外出托缽化緣，黑板上寫什麼我都看不懂，但每天都好開心，我發現其實需要的東西不多，生活可以過得很簡單。」參與修行的日本友人傳來了照片，穿著袈裟頂著光頭的他，露出燦爛的笑容。

　　出家其實不侷限於傳統印象的看破紅塵，在緬甸接受短期出家的洗禮，經歷托缽與誦經的修行生活，或許無法立即體會佛陀的教誨，但淨化身心的過程，也讓出家成為對人生的祝福與洗禮。

因為不穩定的ATM所體察到的在地溫情

　　然而時光的停滯，似乎也顯現在這裡的金融體系。早在抵達前，緬甸好友提醒我現金要帶足，盡量在仰光兌換足夠的錢。由於二〇一二年緬甸才出現第一台ATM提款機，服務功能少、無法跨行提款，穩定性也不足，當時家中做生意的他們，每到大單交易或是發薪日總是身懷鉅款，膽顫心驚。

　　原本我還不以為意，畢竟國家社會肯定是會與時俱進的。但在仰光換匯時，兌幣所人員都強調希望是面額大的美金，而且要乾淨不能有「摺痕」或「標記」，破損的更是直接被拒絕。為保險起見，紙鈔都被我摺起來藏在各種暗袋，好不容易才找到符合的，換了尚且堪用的金額。結果一路從仰光走到萬塔之城蒲甘、再來到僧侶之都曼德列，正準備前往最後一站水上人家茵萊湖時，才發現已身無分文。

　　當時身上僅剩一百元緬幣（大約台幣三元），連瓶水也買不起。正準備出門換錢，又發現兌幣所距離都很遠，而且適逢週末，很可能沒有營業，加上不想冒險去黑市換，這才讓我決定嘗試一下海外ATM提款。

曼德列街上的千僧托缽情景。／爬上塔，眺望蒲甘的景觀。

在豔陽下踩著腳踏車走訪蒲甘。

　　沒想到輸入密碼後，下一秒螢幕就顯示當機，短短不到十秒，我的提款卡就這樣一去不復返了。看著鐵捲門後的銀行一片漆黑，而我預定今晚就要搭車離開了，當下真不知該如何是好。慌張的我左顧右盼，看到了對街坐在小板凳上的緬甸少年。他聽不懂英文，我只好拿著另一張卡片開始比手畫腳，用最原始的肢體語言溝通。

　　「吃掉、機器吃掉、不見了！」

　　但緬甸少年完全會錯意，以為我要領錢，一直點頭比著OK、OK。我急得抱頭跺腳，慌亂地直搖頭。不過，儘管語言完全不通，少年還是使用Google翻譯解救了眼前的異鄉人。他來來回回問了附近的居民、打了幾通電話後，又在手機上打字，翻譯給我看。

　　「請稍等，下午一點再回來。」

　　但我不敢離開，就這樣從早上十點一路等到下午一點，而且時間到的時候仍然毫無動靜，加上語言不通，我懷疑少年是否有理解我的意思，焦急地都快要哭出來了。但少年仍然很有耐心地安撫我「再等一下、再等一下」。

　　直到將近三點，才發現少年幫我把銀行經理和服務人員都找來了。原本經理和家人正在郊區旅遊，因為這個突發事件特地趕回來協助。我不勝感激地連忙道謝。

　　「沒事沒事，不好意思讓你等那麼久，我們緬甸這裡很會塞車的。」經理客氣地說。

　　而命運多舛的卡片，就在簽署好幾張申請文件後再度回到我的身邊。我給了緬甸少年一個深深的擁抱，感謝他這一整天為我來回奔波。

　　「沒事的、沒事的，有找回來就好。」

　　一如緬甸人純樸良善的特質，他也為了我的開心而感到欣喜。

給自己一個重新感受自我與人生的機會

　　我順利搭上夜間巴士，抵達風光明媚的茵萊湖，這裡剛下完一場雨，天空劃過一道完整的彩虹，湖水與天空間的寧靜湛藍似乎就要把人給吸進去。相對於其他城市，茵萊湖起步更晚更緩慢，這與世無爭的小天地像是吸收了日月精華，洋溢著讓人內心平靜的氣氛。

　　青旅大廳張貼著「No Wifi，Enjoy Life」的標語，簡單明白卻蘊含了對現代生活的省思，也為這裡的生活下了一個絕妙的註解。不僅提供腳踏車、桌遊、書籍、吉他等物免費出借給住宿者，每個晚上也都會安排電影之夜，就是希望讓人斷開網路與訊息的枷鎖，學著感受大自然與生活，放慢作息時間與步伐，把時間留給自己，回歸純粹，並且和瑣碎的雜事說掰掰。

我騎著車到處探險，拐入田間小徑、奔向山丘原野。途中看到不少居民在湖邊梳洗，放學的孩子也興奮地對我這個異鄉人揮手打招呼。和同宿的室友一起租了船遊茵萊湖，欣賞用單腳當船槳的漁人獻技，走進水上村落欣賞部落的手工織品，也在這裡遇到了還保有獨特習俗的長頸族。身處於這樣的環境，也讓人感受到傳統風貌與靜謐氛圍的巧妙融合。

原本預計只在茵萊湖停留幾天，也以為自己會因為沒有網路而感到無助，沒想到因為太享受這份寧靜和歸屬感，我每天一早都到旅社櫃檯報到。

「拜託，床位再幫我多延長一天！」我雙手合十哀求。

「這邊是不是有種奇特的魔力。」青旅小幫手也露出了自豪的笑容。

很多時候，其實我也只是騎著腳踏車隨處遊逛，找間咖啡廳待著、閱讀喜歡的書，或是在旅社頂樓偷閒發呆。長期旅行的生活，並不都像電影情節那樣每天充滿了精采與亮點，多數日子就是這麼平凡樸實。我想讓旅行更貼近生活，才能感受到更多的自在和從容，重新去體驗孤寂、享受無所事事的可貴、挖掘那些微不足道的日常，我想，這也是自我內觀的方式之一吧！

「明天一早我準備啟程囉！不用再幫我留床位了。」心滿意足的我準備重新踏上旅途。

「是嗎？可是後天早餐是你最愛的鬆餅耶，而且明天晚上播的電影很精采喔！」小幫手賊賊地看著我。

「嗯……好吧！再加一天。」就這樣，我為了一部電影、一本書、一份美味的鬆餅早餐，給了自己一個在茵萊湖再次感受自我與人生真諦的機會。有時候，我們就是需要這種再樸實不過、但能讓人感受到幸福感的契機，來促成生命中又一段美好的記憶。

走訪茵萊湖，回歸樸實的度日模式。

Chapter 05

超現實烏托邦村落
的全新體認

南印度
SOUTH INDIA

隱於綠意中的場域，
是傳授自然與純真之道的課堂。

說到印度，第一個在你腦海中浮現的會是什麼呢？許多人稱她為「不可思議的印度」，因為太難用常規去理解。如果用食物來比喻這個國家，大概就像藍紋乳酪或臭豆腐吧，聞起來很特殊，但品嚐之後，才知道她的迷人。

過去一些媒體的描述，讓人對印度有些避之唯恐不及。非黑即白的擁護者與排印者，各有各的見解、各有各的看法。我帶著緊張、期待又害怕受傷害的心前往，祈禱我是會愛上印度的那一派人。

請問你的國家很恐怖嗎？

這次前往南印度的清奈，是準備探訪真實世界中的烏托邦社會。曙光村，一個自給自足的城鎮，如同電影情節般，是聯合國唯一認可的國際村，在眾

人努力下,她從一九六八年的一片荒野,轉變為在各層面皆能永續發展的實驗生態社區。

飛機上,旁邊坐著一位皮膚黝黑的印度男生,正和他的朋友開心討論旅行中的趣事。言談之中,得知他們剛從越南渡假回來,抵達後要再轉機飛往有印度小矽谷之稱的班加羅爾,其中一位就是微軟的系統工程師。我抓緊機會,想詢問在印度是否有該注意的事、是否真像媒體描述般的談虎色變。

保持著良善的心,自然會吸引到許多美好的人事物,印度即是如此!

「請問,你們國家是不是真的很恐怖?」

話一說完,我立刻意識到自己的問題有多愚蠢無禮,趕緊道歉。

「其實,每個國家都有好跟壞的一面啦,我不會告訴你印度有多安全或是要你放心,因為小心謹慎是必要的,但是也不用過度恐慌。既然都決定來旅行了,就放寬心好好體驗!這是我的email和電話,如果在旅途中有任何困難可以隨時聯絡我。」愣了一下後,這位叫AAdi的男生給了充滿包容與智慧

曙光村住宅,建築建構特別,環境營造出盎然綠意。

的答案，並親切地留下聯絡方式。

　　晚間抵達機場後，看見有人高舉寫著我名字的牌子，他是Bunty，是同事熟識的印度友人，得知我想來南印，特別請Bunty來接應。開了大約三小時的夜車，中途在休息站稍微歇息。那裡如同台灣早期的柑仔店，一堆人站在櫃台前殷殷期盼地等著老闆，凌晨時分，小小的店面卻擠滿了人。

　　我在這裡首次喝到正統的印度拉茶，微甜順口，不過和想像中的不一樣，只有販售熱飲，而且還帶有些許薑味，可能煮熟比較符合飲用衛生。到達Bunty位在曙光村的家時，已經凌晨三、四點了，他準備了客房讓我休憩，由於一整天奔波，我很快就進入了夢鄉。

體現烏托邦主義的超現實城鎮

　　隔天一早，Bunty帶我去村裡麵包店買早餐，挑完後跟老闆打個招呼、簽個名，就昂首闊步地離開店裡了。

　　「咦，不用付錢嗎？」

　　「喔，我是正式村民，簽名就好了，我們不使用貨幣交易。」

學校裡的簡易小廚房。

　　曙光村像是地球村，村落聚集了來自一百三十多個國家的人。在這邊居住的正式村民，每月都要繳納一筆奉獻金，也需要貢獻一己之力，盡可能發揮自己專長，以工作或經濟金援來協助村落發展。而曙光村也會將訪客奉獻或消費的金額，一併納入金流鏈中，提供村民基本生活開銷，所以在餐廳、雜貨店、麵包店等，村民只需要簽名，再從各自帳戶的額度進行扣除即可。

　　至於外部訪客，由於曙光村並非觀光景點，如果抱持玩樂的心態，是有可能被拒絕進入的。訪客也必須申請短期居住及臨時帳戶，並使用Aurocard儲

值卡，才能在村裡進行消費、體驗課程。

由於Bunty位居要職，我幾乎沒有太多繁雜的申請。他帶著我到處拜訪朋友，也讓我騎著小野狼機車四處探險。村落內有各式各樣的工作坊、生態園、實驗教室等，聚集了來自世界各國的人。其中有位德國人，自行建造採行太陽能發電的樹屋，周邊種植了蔬菜水果，打造專屬的生活供應鏈。二代都長住在這邊的他們，對這樣簡樸的生活感到知足滿意，認為生活不需要太多東西，夠用就好。

「曙光村希望能成為一座世界地球村，她歡迎來自世界各地的人，期盼能超越一切，不分男女、信仰、政治、國籍，都能在和平、進步與和諧中生活，讓她能成為一個實踐人類大同的家園。」Bunty也聊起成立之際的宗旨。當時，有來自一百二十四個國家和印度各城邦的人到此參加完工典禮，並把來自自己國家的泥土，投入露天廣場中央的甕中，象徵世界一家。當時台灣也是其中的一份子喔！

而這邊所有的房子其實都不屬於村民個人，資產全隸屬於曙光村。想住在這邊，還得通過周遭住戶的投票審核，如果有人不歡迎就無法通過。由於在曙光村最高薪資所得大約每月八千元，不少外國人嚮往這邊的生活，又為了維持生計，會在居住一段時間後回去原本的國家打工，賺取夠用的存款再回來。在村落內的花費不高，等於勞動一陣子後，再回來非資本主義社會，也是一種另類的生活方式呢！

我在村裡學校遇見同樣來自台灣的小花。帶著可愛的兩個男孩，她們一家人正在印度壯遊旅行，短期住進曙光村，就讓孩子在學校學習上課。

「這裡的學校環境很棒，就像森林小學，可以讓孩子依據喜好和興趣進行學習，沒有填鴨式教育，讓他們天馬行空地自由體驗。」

而且這裡的學校學歷是被外界認可的，可一路讀到高中，再銜接上外面的

尊重小朋友意願的教學方式，讓學習與創作變得更有趣。

大學。由於也想奉獻自己的勞力，我在學校裡擔任小助手。

「來，我們要開始上生物課囉！」

「老師，我想畫畫！」

「好，那我們分成兩組！想畫畫的舉手，剩下的同學我們就來上生物課唷！」

瞬間快速地分組，並分頭進行教學。生物課的同學衝向豢養動物的區域，洞坑深度大約有兩米深，孩子們卻毫無畏懼，也不怕衣服弄髒，靠著洞坑裡可扶的地方，手腳俐落地一下就抵達洞底。此時我還傻楞楞地待在洞坑旁，思索著要怎麼下去才不會受傷，但這對每個孩子來說都極為自然，相形之下，即便是經常隻身上山下海的我，都顯得嬌生慣養了。

教育重要的一環在於實作，讓孩子們透過接觸、體驗，才更能了解書本內容的意義，如同一步一腳印走訪一些國家，才理解當年課本地圖上，我努力死背記住的每個國家位置、也才能感受多元文化、信仰、種族、語言上的差異。死記硬背，就和不好消化的食物是同樣道理啊！環顧四週，看著每個小畢卡索們拿著畫筆開心揮灑、小泰山們穿梭在樹林養育區內，我似乎理解為

何小花一家人願意放棄優渥舒適的生活，來到印度原始樸實的曙光村，用簡約的方式和小孩子一起度過最重要的成長歲月。

黃金球與十二間淨心能量室

曙光村有處知名地標黃金球，是創辦者的聖殿，村落的發展都以此為中心延伸出去，從空中俯瞰建築及綠林構成的輻射狀十分壯觀。黃金球內採預約參觀制，類似能量室，由於不隸屬任何宗教及學派，加上裡面不得攜帶任何電子產品，也無法進行拍照，是個十分神聖特別的地方。

大金球本體，磚紅色的花瓣即為冥想室。／大金球與周遭環境的模型。

參訪當天，在遊客中心看完導覽影片後隨著隊伍緩緩走入內部，潔白無瑕、嘆為觀止的建築結構，像是來到阿凡達的奇幻世界。裡面悄然無聲，充斥著潔淨舒服的能量氣息，由於那種科幻感太過真實具體，我興致盎然地四處觀看。繞過旋轉樓梯，我們抵達金球頂端核心的靜心室。中央放置著晶瑩剔透的水晶球，我們環坐在四周，球體上方有個小孔，讓最外層的陽光直直照進來，猶如天使光。依稀只記得我閉上眼睛，大口深呼吸，聽著鼻息和心跳聲，身心很放鬆。不曉得時間過了多久，才被輕聲喚醒，結束導覽準備離開大金球。

由於體驗太特別，讓我想嘗試其他的冥想室。黃金球的外側那造型如花瓣

般的柱子，其實是十二個隱藏冥想室，分別代表真誠、謙遜、感激、堅毅、願望、包容、進步、勇氣、良善、慷慨、平等、和平，各具涵義。

因為一路上受到許多人親切的協助與照顧，所以選了紫色光的慷慨冥想室，進去感受正面的能量和氣息。當下其實未有太多感覺，也由於平常沒有冥想靜心的習慣，開始時還顯得有點心浮氣躁，但過程約十五至二十分鐘，結束時卻有種身心舒坦的緩和感。

幾天後，我參加村落聚會，有位法國朋友拿著家中舍利子給我觀看觸摸時，說也奇怪，腦海浮現了那一片寧靜的紫色氣息。

印度初體驗，多虧先來到曙光村，讓我循序漸進地熟悉文化及環境，對印度的基礎輪廓有了認知。友人跟我說，想遊歷完整個印度，可能得花上個五年十年，很多印度人本身都不見得有機會離開自己的城鎮，而北印度更是截然不同、更傳統原始的地方。

不可思議的印度，才能孕育出不簡單的曙光村，讓我對接下來的北印度旅程萌生更多的期待。我想起AAdi告訴我：「既然來了，就好好體驗吧！」在尚未親自體驗前，你永遠不知道自己會不會深深愛上這塊土地。

捕捉在地生活與自然的情感流露。

Chapter 06

乘著最美鐵路列車
駛入山、海、茶園

斯里蘭卡
SRI LANKA

看那自然動人的溫柔微笑，
滲透進大地的每一個角落。

斯里蘭卡的孩子不怕生，露出燦笑請我拍照。

Sri Lanka

「美好神聖的一塊樂土。」馬可波羅將這裡譽為最美麗的熱帶島嶼。

一提到斯里蘭卡，最廣為人知的就是錫蘭紅茶跟著名的鐵路之旅了。坐擁豐富的自然資源、美麗的海濱、綿延的山巒、美不勝收的世界遺產以及神祕的佛教古城。獨特迷人的她，

自然與人工各自雕琢出色彩斑斕的景象。

是個會自己說故事的微笑國度。

斯里蘭卡位於印度南方，國徽上有象徵剛強和勇敢的獅子，又被稱為獅子國。國旗上四個角落的菩提葉，代表對佛教的虔誠信仰。國土形狀就像顆水滴寶石，是印度洋上的一滴淚珠。

我在佛牙節期間抵達，篤信佛教的人們身穿白衣，前往佛寺。民風純樸的蘭卡，當地人熱情的燦笑是隨處可見的美麗景緻。總讓人覺得沒有距離，帶有溫度的溫柔笑容，是我對這個國家的第一印象。街上充斥著殖民時期留下的建築，與在地人文交織出別有一番風情的情景。

身穿潔淨白衣、禁止穿鞋、捧蓮花到佛寺參拜是件莊嚴神聖的事。

從繁華的首都科倫坡出發，準備來趟環島旅行。我搭乘舉世聞名的火車，造訪信仰聖地佛牙寺、攀爬陡峭高聳的世界遺產獅子岩、走進茶園小英倫及曠野生態保護區，想讓自己好好迷失在這片綠意盎然的土地。然而接下來的旅程，不論巴士、火車、飛機還是走路健行，都是風波不斷，一波未平、一波又起啊！

生死一懸跳火車

斯里蘭卡有兩條著名的火車路線，一條是穿梭在高山田野間的茶園火車、另一條則是《神隱少女》中海上列車的真實版。不少人為此慕名而來，想體驗一趟獨一無二的鐵路之旅。

多數旅客為了節省交通時間，都會選擇從鄰近霍頓平原國家公園的Pattipola站搭乘茶園列車，所以上車時已人滿為患。舊式火車很像早期台灣列車，車窗還是兩邊夾起後上推的形式，車廂門在行駛中大喇喇地敞開，常會看到當地人悠哉地坐在車門處小憩，甚至是手拉扶桿吊在外面的「掛火車」場面。

搭乘火車來趟別出心裁的旅行。

　　我穿梭在擁擠的人潮中，擠身前往車廂門處，遇見了兩位來自中國、帶著大尺寸行李箱的女孩。我們迎著風閒聊，欣賞被譽為世界最經典的鐵路風景，也討論起蘭卡的大眾交通工具。

　　「你們有搭公車和巴士嗎？根本玩命關頭！」

　　「蘭卡馬路三多啊！TUKTUK車、卡車、公車。」

　　「橫衝直撞的，最佩服的是車掌，根本特異功能。他可以一邊叫客，一邊記著車裡誰有買票、誰沒買票，多重任務耶！」

　　我們三人七嘴八舌地討論起來，一致公認公車也是經典奇景。車上不時可看到雜耍賣藝、水果零食小販，他們前站上車後，下站又離去，乘客也習以為常。大部分公車沒有特定發車時間，坐滿就開。因為語言不通，我常指著地圖上的目的地，秀給記憶力超強的車掌看，讓他們記得這站有人要下車，而他們也從未讓我失望過。

　　後來車廂裡出現靠窗空位，我趁機溜進去休息。火車穿過山洞、流轉於鄉間，外頭是陽光灑在沿途綠油油茶園上的景色。從窗外望去，還能看見她們坐在門邊吹風的身影，再過不久，就即將抵達終點站埃拉了。

「咦？她在幹嘛？」我驚呼大叫，就在短短幾秒內，其中一位女孩忽然跳下去了。

「FUCK！她是跳車了嗎？我看到她臉面地！她死了嗎？」坐我對面的外國女孩目瞪口呆地望著我。

行駛中的火車速度很快，載著我們一群傻眼的旅客駛離了現場。

到站時，旅客彷彿什麼事都沒發生過，紛紛出站。我站在原地傻等了一會兒，只見另一位女孩小貝，吃力地推著兩個巨大行李箱朝我走來。

「她突然就跳下去，行李還在車上。」小貝無奈地苦笑。

報案後，站務人員協同警察迅速組成小隊，沿著鐵軌一路往回找，我們則是留在車站等候消息。

四十分鐘過去，終於看見站務人員帶著她緩緩走回。眼皮到臉頰劃出一道深深的傷痕，手腳有擦傷及瘀血，但好在沒有大礙。警察和居民紛紛親切地上前關心，還叫她去醫院檢查，避免傷口感染。其中一位警察還打趣地說：「Next Time，No Jump，OK！」。

「你幹嘛跳車？瘋了嗎！很危險耶！」我忍不住吼了起來。

有著世界盡頭之稱的霍頓平原國家公園，是大自然的恩典。

「因為火車上人很多，我被撞了一下，護照就從腰包裡掉出去了嘛。」

「到站再走回去撿不就好了！才三公里，你這樣跳，搞不好連命都沒了！」

「我怕被當地人撿走呀，護照不見怎麼辦！」她不服氣地嘀咕著。

我們像老媽子一樣碎念著，儘管身上多處瘀血和擦傷，她仍然堅持就算再重來一次，還是會選擇跳車搶救護照。我們百般無奈地搖搖頭，帶著她去讓醫生檢查，才結束這一場驚魂鬧劇。

夜裡，我和小貝坐在旅社門口聊天。

跳車女郎與小貝。

「我以為只有印度人和當地人才敢跳火車，真是嚇死人！」我嚷嚷著。

「如果是你護照掉了，你會奮不顧身跳下去撿嗎？」

我們互看對方，靜默了三秒，原以為會出現分歧的答案，畢竟護照遺失的確很麻煩。「不會！」我們同時大喊。生命誠可貴啊！意外的跳車事件讓我們變成了「共患難」的好朋友。此時，跳車女郎還笑嘻嘻地在房間裡活蹦亂跳，嘴硬地說自己一點事都沒有。隔天一早，跳車女郎在床上表示自己全身痠痛，哀嚎這邊疼那邊痠時，我和小貝同時間翻了一個大白眼。

「看吧，再嘴硬啊你！」

比手畫腳也要幫助你，熱情良善的蘭卡人

來蘭卡，印象最深刻的就是真誠的笑容。不畏懼鏡頭，笑得開心的模樣，讓人也嘴角揚起。人民大方熱情、熱善好施，就是他們真實的寫照。即便語言不通，但當你有困難或需要幫助的時候，蘭卡人比手劃腳，也要了解你的

意思以便幫助你。

旅行到南方，準備前往世界遺產古城迦勒，途中由於想一睹高蹺漁夫，便提早在有蘭卡最美海灘之稱的烏納瓦圖納下車。即便目前多半是為吸引遊客拍照才使用高蹺竿，我還是一心期盼能遇上真正的高蹺釣魚人。高蹺釣魚主要是因為早年食物短缺，加上資源貧乏沒有錢買漁船，漁民因此在近海豎起木樁，手持沒有釣餌的漁竿，就在簡陋的木架上進行垂釣，遠看就像腳踩高蹺站立於海水中，也形成獨特的人文風景。

然而我不但沒有覓尋到釣魚人，連原本想入住的青旅，循著地址抵達後才發現竟是空無一人的廢墟。由於才下午一兩點，我決定徒步七公里，直接前往古城迦勒。一邊看著手機離線地圖、一邊頂著豔陽徒步，幸好當初決定輕裝環島，沒背著大行李。結果才走到一半，手機突然當機黑屏了。

沒有地圖我根本不曉得該何去何從，慌張地跑進某個店家尋求幫助。由於已遠離觀光區，這裡根本沒有觀光客，店裡幾乎都是在地人，看我一臉要哭出來的樣子，老闆和客人也跟著手忙腳亂起來。

「POWER？」一位客人用著簡單的單字溝通。

當地人喜愛在河流納涼梳洗，也成為特別的聚會。

我搖搖頭，當機前還有一半以上的電力，接上行動電源也沒有任何反應。雖然急得半死，但看到一群蘭卡人圍著我的手機認真研究，還是覺得很窩心。我懊惱地看著時間一分一秒過去，心想今晚會不會露宿街頭，此時一個男子被其他人簇擁著進來。

「GOOD！GOOD！」他們指著男子，並示意我把手機交給他。推測應該是附近對3C產品很有研究的人吧。就在他摸索一陣子，試了幾種方法後，手機真的就乖乖正常開機了！

「YEAH！」店裡一陣歡呼，大家似乎比我還要開心。可能太過緊張，一看到手機重新運作的同時，我眼淚潸潸落下。他們露出開朗的笑容對我說：「Don't Cry，OK Now！」把他人的困難也當成是自己的事，即便語言不通仍努力給予協助，這就是蘭卡人最可愛的模樣。

飛機飛走了？等等我啊！

從抵達蘭卡到離境的交通，命運都十分多舛。境內巴士、火車誤點及疾速狂飆已算是家常便飯，就連要離開蘭卡的那天，交通之神依然沒眷顧我。

旅伴要搭早班機前往尼泊爾，而我則是搭晚班機返回印度，但我決定一大清早陪他前往機場。早晨八點的班機，凌晨四點我們就開始準備，但不出所料，公車還是大誤點了。好說歹說，司機仍硬是要再多等幾位客人上車。抵達機場外時，離最後託運關櫃時間僅剩約莫十五分鐘，我們根本是以百米衝刺的方式奔馳。所幸檢查行李、入關暢通無阻，旅伴在最後一秒安全上壘。告別後，我把行李寄放在機場，順道造訪離機場不遠的著名漁村，並趕在時間內回機場辦理手續。

在我邊辦手續邊讚嘆自己是時間管理高手，安排了無縫接軌的行程時。

「小姐，你印度下一站要去哪？」

活力十足的北方漁村，還在當地邂逅了造型別有意趣的郵筒。

「我還沒決定，會先到班加羅爾，之後再往北印旅行」

「沒有下一段機票，我們不能受理你的登機喔，下一位。」

我一頭霧水，什麼時候斯里蘭卡也要管到印度後續的行程安排？當初我進印度時，也沒有這個奇怪邏輯的規定啊！眼看著登機時間越來越近，我十分惶恐，正要再度爭辯時，後方歐美旅客大聲要我讓開。

「小姐，我們也趕著登機，你的問題自己旁邊處理！」

人情人暖，世態炎涼啊。我焦急地用手機準備再買一段印度機票，不料機場網路不穩定，雖然機場人員願意借我員工專用Wifi，但試了好幾次才發現他搞錯帳號密碼，時間就這樣滴答滴答過去，等我順利買好機票，飛機也從我的眼前硬生生地飛走了。

「小姐，這樣就可以囉！但您要再重新購買飛往班加羅爾的機票喔。」

補買的機票，不過就是從班加羅爾再飛往北印度的瓦拉納西，但這下就過關了。神啊！誰來說明一下這謎般的出境邏輯呀！

而我也因為第一次慘遭被飛機放鴿子，在機場放聲大哭，忿忿地還得出關重新再購買一次機票。正當抱怨櫃台人員不通人情，摸不著頭緒時。

「小姐，有什麼可以幫助您的嗎？」漂亮的蘭卡售票小姐依然對我露出了那讓人難以動氣的燦爛笑容。

Chapter 07

感受不可思議國度
的深度魅力

北印度
NORTH INDIA

解鎖封閉的心胸，
讓更多珍貴的際遇與互動走入自己的生命。

　　我在即將離開斯里蘭卡的前幾天寄了Mail給AAdi，提及我即將往北印走，途中預計會到班加羅爾停留，如果有機會的話可以一起碰面吃個飯。「好啊！班機時間給我，到的時候我去接你。」原以為只是萍水相逢的友誼，AAdi竟快速地回了信。

　　和他碰面後，我預計前往瓦拉納西。這個印度北方的城市，是印度教七大聖城之一，就位於聖河恆河旁。基於信仰，信徒相信在瓦拉納西死去，就能夠超脫生死輪迴的命運。在河畔沐浴，亦能洗滌罪惡、淨化靈魂，為自己帶來救贖。

與青旅夥伴造訪泰姬瑪哈陵。

敞開心胸，接收來自周遭的生命力與豐沛情感。

恆河這條生命之河，幾乎是印度人食衣住行、從生到死都緊緊相依的的河川。源起喜馬拉雅的高原冰川，緩緩流下，而瓦拉納西相傳是印度教濕婆下凡之處，又被稱為光的城市。如此意義深遠，充滿故事的一條河、一座城市。電影和書籍都曾將其描繪為印度文明的搖籃，從中感受到印度人對於今生與來世的期盼。

馬可吐溫曾形容「瓦拉納西比歷史悠久，比傳統久遠，比傳說還要古老。她甚至比這所有的一切加起來還要老上兩倍！」火葬、恆河浸浴、千年風雨無阻的夜祭與晨祭，我想在這古老城市的巷弄中穿梭，去尋找屬於自己的印度拼圖。

你會害怕，我也會啊！

因為斯里蘭卡的班機問題導致計畫大亂，所以在凌晨兩點才抵達，但AAdi二話不說，大老遠從市區開車來機場接我。印度機場有個奇特現象，就是不准旅客滯留，如果想在機場睡到天亮，還會被強制驅離，主要是反恐考量。出境也須持有當日機票和護照，查證後才能進入機場大門內。違反的話，可是真的會被警察抓走喔。

儘管在班加羅爾只停留短短兩天，AAdi仍特地請假、盡地主之誼帶我去市區遊覽。儘管是科技重鎮，又有花園城市之稱，但交通一如其他印度城市，仍然混亂到不行。順向逆向、水洩不通，

伴隨著此起彼落的喇叭聲。但奇特的是亂中有序，駕駛們仍舊可以殺出一條順暢的路，TUKTUK車依然可以自由奔走。

當天晚上坐在客廳聊天，我提及原本的擔憂。「嘿，來你家之前，其實我怕的要死，還不敢跟爸媽說。但我把你的電話、地址和照片發給台灣好友，說如果我這段期間失去聯絡，要記得報警救我。」

「我也是耶！朋友說我怎麼敢把一個陌生女子帶回家，被下藥或詐騙怎麼辦！」

原來，不是只有我一個人害怕，對方也會啊，想想也滿有道理的。我一心只想著住進一個陌生印度男人家有些不安，殊不知他也害怕我會不會是個陰險毒辣的女人。

AAdi在我的旅行日誌上寫下「當個給予者，吃的更好；睡得更好。」

我們笑成一片，想起他說過：「不用過度驚慌，也不用將每個陌生人視為敵人，這個世界，大多數還是好人居多的！」有時戒心保護我們，卻也相對限制我們飛翔的模樣。在可以保護好自己的狀況下，敞開心胸接納新朋友或新事物，才有機會擁有美好的際遇。如果不是在旅途中受到這麼多陌生人無私地幫忙，也不會知道原來天底下真的有這麼多溫暖、願意對來自異鄉的陌生人給予關心與援助的人呢！

在瓦拉納西再次鍾情於印度

當我和AAdi告別，隻身來到瓦拉納西時，感受到這裡和南印有著大不同的面貌。她像是停留在中古世紀般，洋溢著奇特的異國風情。一個斑駁悠久、髒亂穢濁的城市，徹底顛覆視覺感官，但悠久的宗教文化和歷史軌跡，卻又讓人深陷其中。

熱鬧繁華的街上到處都是觀光客、小販、乞討者以及牛。TUKTUK司機四

北印南印大不同，一來到瓦拉納西就感受到文化衝突。

處招攬遊客、漫天開價，一個不小心，可能就被當成肥羊痛宰。神祕珠寶店天天都在最後跳樓大拍賣、焚屍場不眠不休地運轉著。在恆河旁禱告、梳洗的當地人，還有一邊走一邊大解放的牛。印度不僅充滿文化差異，也彌漫出難以形容的區域魅力。

街上響起CHA、CHA、CHA的吆喝，印度拉茶文化是日常的代表，喝的不僅是茶，還是一種連結情感的精神。以茶為基底，加上肉桂、荳蔻、薑等香料，再加入牛奶及糖煮沸、小小一杯僅需台幣五元，便宜又好喝，而且每家都有著獨特的特製香味。瓦拉納西還有一家百年老店，販售國民甜品拉西，凝固的優格加上牛奶和糖製成，濃醇香甜，是健康的經典消暑聖品。還有各式各樣的口味，讓人愛不釋手。

在恆河畔以晨祭、夜祭，迎接日出、日落。在這承襲吠陀時代，將近千年風雨無阻的古老祭典，虔誠的信眾以及來自世界各地的旅人坐滿台階，準備一睹神聖儀式的風采。祭師吹響法螺，低沉肅穆的聲響劃開序幕，神情專注的祭司們，以梵香、羽扇、拂塵等法器，隨著古老莊嚴的梵文讚賞樂曲，一邊吟唱、一邊舞動，感謝濕婆神和恆河賜予的恩惠。煙霧瞭繞、樂音裊裊，思緒不禁深陷其中。

「要不要買個花和蠟燭祈福？恆河之母會應允你的願望喔。」祭典快結束時，有個印度孩子湊向我身邊。

儀式結束時，信徒紛紛走下河壇，雙手捧著點燃的燭火花燈，靠近額頭祈願後，輕輕放在河面上。我依樣畫葫蘆，望著漂流的點點星火，讓心願和祝福航向恆河彼端。

龜笑鱉無尾，我也在印度跳火車了

火車旅行，自然是來印度不能少的行程。恆河洗禮後，和青旅志同道合的三五好友決定相伴到阿格拉欣賞泰姬瑪哈陵，由於印度火車傳聞百百種，我們一行人除了互相照應，也準備迎接各種挑戰。火車誤點已毋須大驚小怪，超賣車票及搶座位也是小菜一碟。買票時，整間車站擠得水洩不通、大排長龍只為爭得一席座位。輪到我時，後方的印度女性們不斷伸手進窗口，試圖插隊買票，售票員拿出長尺，霸氣地一一打他們的手背，警示驅離。

入手後，還得小心確認沒有重複售票，不然就得給點小費，讓印度車掌幫忙調度喬位置。由於僅買到候補票，我們和當地人一起擠身在狹窄的車廂中。炎熱夏季，此趟車程超過十小時，還得忍受蚊蟲叮咬。但是我卻在此時感受到印度人樂於分享和互助的熱情，即便英文無法溝通，他們還是掛著友善的笑容，比手畫腳。

「要不要吃點印度烤餅和拉茶？」座位斜對角的印度家庭分享他們豐盛的晚餐。

「這位置給你。」一位大哥看我們擠得辛苦，直接躺去另一張有人的睡鋪，像說好似地，另一人也大方地挪出空間，讓我們有棲身之處。

起初大家還能嬉鬧聊天，後來全體倒頭大睡，舟車勞頓的奔波讓我們累壞了。後來我睡眼惺忪地醒來，看看手機地圖，似乎已快接近目的地，於是就詢問坐在隔壁的當地人，才知道就是我們要下車的地方。

我趕緊把所有人叫起來，大家東抓西拿行李準備衝下車，但土耳其同伴Hasan看著地圖說：「下一站應該也可以啦。」正當大家聽了這段話，鬆懈地放下行李，準備再度坐下時。

「不！就是這站沒錯，快下車！」Hasan又大喊。

這下好了，火車已經啟動了。眼看著同伴們一個個飛奔跳下車，輪到我的時候，心裡真的剉著等。車速已經開始變快，但大家都跳了，這時不跳，更待何時！默念一聲阿彌陀佛後，我也不管三七二十一就閉著眼跳了。

由於重力加速度，加上重達十五公斤的超大後背包，我在月台地上滾了幾圈。而跟在我後頭、最後一位跳的香港夥伴Alvin，東西更是散落一地。環顧四周，車站裡的印度人全都驚訝地望著我們。

「沒事吧，你還好嗎？」一位印度奶奶快步向前關心我。

「傻女孩，你要跳，要順著火車行駛的方向跳啊。」

原本備感溫馨的場面，頓時讓全場瞬間笑成一團。原來，奶奶是要傳授我跳火車的秘訣啊。

佛系旅行，一切都會更美好

走一趟印度，千奇百怪都會見怪不怪，還會激發出無限潛能和面對事情的應變力，因為總會有許多出其不意的事情發生。印度教會我最寶貴的一件

事，就是抱持「佛系旅行」及「不帶有色眼光看事物」的心態。大事化小、小事化無，也毋須帶著偏見或立場看待事物，因為每個人的經歷都是獨一無二的，亦不用將別人的想法加諸於自己身上，主動為自己誦念緊箍咒。

在印度待上近兩個月的時光，看得還很少，感觸卻很多。當地人的熱情、孩子的純真笑容、貧窮卻不吝於分享等等，讓我從一開始的恐懼擔心轉為坦然擁抱。不知不覺，印度已成了我最喜歡的國家之一，很慶幸自己沒有輕易地給她貼上標籤。這樣的轉變過程也是旅行有趣的一部分。從耿耿於懷、徬徨不安，到最後一笑置之的處之泰然，我想，這就是被印度的風土人文所感染，最後練就一身佛系旅行心態的精髓吧！

置身其中好好享受，你才會用嶄新的角度去看待這個國家的人事物。

Chapter 08

全世界最好客的民族，
你尚未發掘的伊朗

伊朗
IRAN

跨越歧見與爭執的藩籬，
用自己的雙眼與感知去理解真實的面貌。

「溫蒂，你一定要走一趟伊朗，那是我見過最美麗的國家。」

日本友人熱切地和我分享他眼中的伊朗。純樸天真的熱情、大方直率的好客，讓他重新感受到人與人之間的羈絆。聽他這麼一說，也才引起我對伊朗這個國度的興趣。

提到伊朗，腦海最常浮現的第一印象多半是「恐怖主義國家，去那邊安全嗎？」、「會不會碰上恐攻或宗教激進分子？」、「感覺一片荒脊，資源貧

建築和花磚的設計之美，讓人無法將雙眼移開。

乏」。這樣的誤解，主要都來自於革命過後，伊朗和西方國家交惡的關係。除了被經濟制裁外，媒體也開始對身穿黑頭巾、罩袍的女性和伊斯蘭國家，抹上一層激進、面目兇惡的形象。而擺脫誤解和刻板印象的最好方法，就是眼見為憑、親身體驗，發掘她真實的一面。

　　抵達首都德黑蘭，台灣人可用落地觀光簽證申請入境。由於宗教及政治因素，護照文件上如有以色列簽證或相關註記，伊朗可拒絕核發簽證，所以路線安排要注意。簽證費用則眾說紛云，從四十到一百歐元等五花八門的數字都有，始終無法得知收費的標準，端看承辦人心情而訂，手寫一個數字，決定荷包當下厚薄。

　　才踏入國門，已感受到截然不同的文化差異。由於政府會限制某些網站，多數住房網站無法使用，我只好透過Trip Advisor將旅館的地址和電話寫下，或使用email詢問，避免自己露宿街頭。為尊重並融入當地文化，女性也需入境隨俗地包上頭巾，將頭髮遮掩住，換上寬鬆的長袖長褲避免裸露。捷運及公車也多有女性專屬的車廂和空間。

誤入當地人婚禮派對，保守文化下的可愛熱情

　　首都德黑蘭的街道整潔，捷運地鐵也十分便捷。走在街坊巷弄就能感受到無微不至的熱情，不論男女老少，總不時地傳來一聲問候。

　　「哈囉！歡迎來伊朗！好好享受一切唷！」他們揮著手喊道。

　　「來，吃吃看這糖果和堅果，拿一些去吧！」老奶奶隨手從袋子裡抓了一把給我。

　　此外，飯菜總是會比我點的又多了幾樣菜、飲料總是比價格又便宜了些。

　　「你來我們伊朗玩，就是我們的客人啊。」已經記不得是從哪位伊朗人口中聽到這句話了，但這也可說是廣大伊朗人的共通心聲吧。

走訪古列斯坦宮、城市公園及自由紀念塔，欣賞讓人目不轉睛的秀麗花磚建築，途中不乏年輕人好奇地上前與我攀談，問我台灣是什麼樣的地方，還分享最近看的日韓電視劇。

「你們的英文都說得好流利！」原以為伊朗和西方國家交惡，會導致人民排外。殊不知為因應經濟制裁，這個國家反而更注重文化培養及國內軟實力發展。

「在我們這邊，學習外語是年輕人間一種流行的風氣喔。我以後想當牙醫，想出國留學，讓現在的生活變得更好。」

就在不知不覺間，已接近晚上十一點，由於捷運末班車已開走，我只好步行回旅社。空蕩蕩、黑漆漆的街上一片寂靜，好在伊朗治安良好，讓人安心許多。

此時一陣鞭炮聲響起，望向對街，竟有人直接在街道上宰殺羊隻。我心想也太可怕了，該不會遇上什麼幫派儀式吧。直到身穿禮服的新郎新娘現身，好奇心驅使我鼓起勇氣上前詢問，才知道他們正要來場午夜婚禮的「續攤」派對。

宰完羊也燃放鞭炮後，派對正式展開。

「你就一起來參加吧！」伊朗姊姊熱情地邀請我。

放羊血是因為穆斯林相信殺羊見血可以消災解禍、招福運，禍難讓羊承擔，家人才能吉祥平安。在伊斯蘭習俗裡，這是很重要的一環呢。

由於伊朗文化相對保守，沒有夜店或迪斯可這些地方，所以人們會選在自家附近舉辦派對。女孩們穿著時尚性感的露肩裙裝，別出心裁地精心打扮，美麗編織的頭髮因褪下頭巾一覽無遺。

「咦！法律不是規定女性在公共場合要戴頭巾，不能穿暴露的服裝。這邊不受限嗎？」我好奇詢問，畢竟我可是連在旅社裡穿短褲都被嚴厲制止了。

「結婚這天，新娘是最純白無瑕的，神聖的婚紗不受此限。而且參加派對的都是自己的親朋好友，所以沒問題的。」大伙開始熱情地吃喝著，準備展開慶祝儀式

現場擺滿花束、水果、酸奶及糖果，每項代表不同的意義和祝福，象徵婚姻生活中的酸甜苦辣。他們將糖粉撒在新人頭上，代表生活將充滿甜蜜。最有趣的莫過於發紅包，類似發喜糖的概念，據說搶到越多就越富有。發放時

走在街上，被熱情邀請加入聚會聊天幾乎是家常便飯。

簡直是大暴動，看我一臉迷茫，戰鬥力又極弱，新娘特地走過來塞了幾張給我，讓我入境隨俗感受文化之外也沾點喜氣。對我這個異鄉人而言，有幸參與異國婚禮，感受最道地的習俗體驗，真的是非常難得且驚喜的經驗。

在洋溢歷史與人文智慧的建築，感受光影與色彩營造出的莊嚴美學。

派對一路狂歡到凌晨兩三點，能歌善舞的波斯民族，熱情魅力渲染到讓我都忍不住融入其中，每個人臉上都洋溢著幸福的笑容。結束後，伊朗姊姊直接開車送我回旅社，由於還沉溺在歡樂的氛圍中，一個不注意就開過頭了。

「姊姊，這邊就好了啦，很近，我往回走就到了。」

「不行，因為你是……」

「我們的客人。」不出所料，我們異口同聲地說。

接著她豪爽地在單行道直接「巴庫」大倒車，讓我笑得東倒西歪。

在某個夜裡意外亂入的伊朗婚宴派對，不僅讓我大開眼界，也了解到在過往的神祕面紗之下，他們仍充滿了對生活的熱情，以及好客大方的良善。

沙發衝浪初體驗，理解彼此文化並建立信任

沙發衝浪是我一直想嘗試的事，透過入宿當地人的家，互相交流彼此的文化、美食、景點等，用不同的角度和視野去觀察，也是深入理解當地的一種方式。

由於訂房不易，出發前我也同步透過沙發衝浪網站，向幾位評價高的沙發主丟出了希望造訪的申請，但都遲遲未收到回覆。所以當我在夜巴上收到一對伊朗情侶邀請我去作客的回覆時，我二話不說就答應了。

他們是夏蒂和凱斯，同樣熱愛旅行的他們，當過沙發客，本身也是沙發主。問他們為何會邀約我這個素昧平生的外國背包客時。

「大概就是緣分吧。而且你來伊朗玩，就是我們的客人呀。」夏蒂笑著說。

小巧別緻的家，只住著剛新婚不久的他們。從伊朗的局勢、女性意識的抬頭、西方文化的滲透，到超級重視容貌的審美觀等，我們侃侃而談。言談中，才理解到當地人熱衷分享且好客，有一部分也是希望擺脫西方媒體加諸

在伊朗的壞印象，讓外國人更了解他們實際的樣貌。

其中最特別的，就是伊朗不論男女都非常熱衷「整鼻子」這件事。天生輪廓深邃，有著濃眉大眼的波斯美女，對「臉部藝術」趨之若鶩。比起有特色的鷹勾鼻，她們追求的是小巧玲瓏。在德黑蘭街上看到好多人鼻梁上都貼著繃帶，一開始還以為是打架受傷所致，後來越看越多，越覺得奇怪，才知道是動了整容手術。

「我們大概是全世界最愛整鼻子的民族。有些伊朗女性甚至把鼻子上的繃帶視為一種地位象徵呢。」夏蒂不太苟同地說道。但我認為追求美是一種天性，因為這是展現自身魅力最直接的方式。也或許對伊朗女性來說，整型也是服裝規範下的一種小小叛逆吧！

「這邊的人有養寵物嗎？」因為在街上都沒看到任何寵物店，也讓我困惑著。

「我們政府不鼓勵也不贊成民眾養狗喔，雖然古蘭經沒有特別說不能接觸狗，但在多數依循伊斯蘭習俗的人眼中，狗就是不潔的象徵。尤其祈禱時如果不小心碰觸到狗，還要做一個特殊的沐浴儀式潔淨。在伊朗要看到狗的機會非常低，大概只有工作犬吧！」

除信仰因素外，飼養寵物狗也被認為是崇洋媚外的親西行為，政府還要求媒體不能播放任何寵物或相關產品的廣告，甚至有議員提出鞭刑罰則，就是要杜絕民眾養狗的風氣。對於喜歡狗，也覺得生活有狗陪伴是件稀鬆平常事的我，深切地感受到文化差異，但這時候，理解它背後的原因才更為重要。

晚餐時，凱斯買了一堆傳統菜餚回來，我們順道討論當地必去的波斯傳統市集和特色清真寺。因為悠久歷史文化及特殊地理位置的影響，伊朗美食可說是集結各方精華，琳瑯滿目的食物讓人食指大動。用餐完畢，夏蒂拿出家中的備份鑰匙遞給我。

不吝於分享的伊朗人，讓我在當地的日子獲得很多幫助。

「這你拿著，這樣明天逛完想回家的時候就能隨時回來，不用等我們。」

「這樣不太好啦，我可以在外頭等呀。」

「沒關係，我信任你，曾經有位沙發主的友善和信任影響我很深，我相信正向輪迴會傳遞，也希望你在伊朗留下很多美好的回憶。」

或許這就是伊朗真誠的待人之道和魅力，也讓我的首次沙發衝浪留下美好的體驗。

人和人之間就應該是如此單純，沒有多餘的猜忌和算計，互相給予打氣及溫暖。在伊朗學到最重要的一件事，就是如此質樸的分享，像是關心你是否有吃飽，在街上不時地被塞糖果零食，在餐廳少不了的加菜加飯，在飲料店多打一些果汁讓你多喝兩口，更別說那些意外被邀請參與的家庭聚會和野餐，或因為迷路而搭上的好心便車。

我想伊朗完全可以榮登世界好客第一名的國家呀，絕對當之無愧！

曾經在一本書上看到下面這段話。「當許許多多的福分和好運降臨在你身上時，也要用同樣感恩的心，去迎接繼起的責任。」而我們，也可以用自己的故事和方式，讓如此美麗的國家被看見。打破偏見和對立築起的高牆，也是旅行中重要的任務之一呢！

Chapter 09

浩瀚星空下的
沙漠遊牧民族

約旦

JORDAN

悠久的古老傳承，
被接連捲起的現代化浪潮揭開了神祕面紗。

　　數百年來，只有居住在此的貝都因人知道此座「失落城市」的存在，他們嚴守這塊聖地的祕密，直到瑞士探險家喬裝成穆斯林聖徒進入，才打開瑰麗風情「佩特拉」的神祕大門。

　　在紛擾的中東，約旦相對安穩且治安良好。她鄰近巴勒斯坦、以色列，伊拉克和沙烏地阿拉伯，基本上是個完全內陸國家，由於沙漠佔全國百分之八十以上，嚴重缺乏水資源，此外也缺少石油和其他礦產。儘管如此，約旦卻有著讓全世界旅客爭相前來一探究竟的古城、死海和沙漠，被公認是最具發展潛力的國家，也是中東旅遊入門的最佳選擇。多數旅客購買的約旦通行

「這座如玫瑰般紅艷的城市，已經有時間一半的古老。」──英國詩人柏根

證，費用不旦包含入境簽證費，各大景點幾乎都通行無阻。時代的傳承與大自然奧妙的日積月累，讓約旦在這片金黃沙漠中屹立不搖且獨樹一幟。

漫遊安曼，與優雅氛圍迥異的中東鹹豬手

首都安曼，一座現代與古老時光交錯的城市。古城區擁有幾世紀前的古文明遺跡，烙印著前人歷史的足跡；新城區則有簡約的現代高樓與時尚的高級畫廊，讓人產生穿越時空的視覺衝擊感。

許多旅人將安曼視為補給站，作為熟悉中東文化的起步。城市依山而建，坐落在七個山頭上，又稱「七山之城」。登上最高最古老的城堡山俯瞰城市，放眼望去皆是大地色調。建築物高低起落，遠方約旦國旗隨風飄揚，似乎正訴說著悠遠的歷史。古羅馬劇場就位於山腳下，像是鑲嵌在山壁上的一塊鏤空鑽石，巨大的劇場可容納六千多人，修建時運用聲學原理，讓不論身

已有兩千年歷史的古羅馬劇場。

在劇場何處，歌唱、演講都能被清楚地傳遞與接收。而這古文明大智慧下的產物，至今仍是當地人聚會聊天的好去處。

　　雖然是伊斯蘭教國家，但老城區的宗教氛圍較寬鬆，不用像在伊朗那樣要圍著頭巾。中東男尊女卑的民情，加上前輩們的諄諄告誡，文化禁忌方面應盡量入境隨俗，避免造成雙方困擾。由於嚴守教規的穆斯林認為碰觸沒有親屬關係的女性是大忌，更不能隨意攀談，所以對某些人而言，非教徒或外國女性反而是種慾望遐想的延伸。

　　我在舊遺址區被幾個十幾歲的青少年盯上，沒禮貌地叫囂與挑釁，加上開女性胸部及臀部的性騷擾玩笑，讓原本已被酷熱天氣曬到暈頭的我理智線瞬間斷裂，用髒話和中指回敬了屁孩們。但我的舉動非但沒遏止他們的行為，反而更加變本加厲，讓我只好快速離開現場。其實置之不理才是因應這種情況的上上之策。

　　不少女性到中東旅行，或多或少都會被開黃腔、遭受上下打量的猥瑣注視禮或假借拍照之名被上下其手。絕大部分的約旦人還是單純善良的，只能說在兩性價值觀及傳統文化尚未轉變前，保守穿著及避免夜晚單獨出門還是保護自己的最佳法門。

伊斯蘭教不偷不搶，但仍有許多唬爛高手

　　由於搶奪偷竊在伊斯蘭教義中是重罪，所以來伊斯蘭世界旅行，比較不用擔心被搶被偷，但「騙」似乎不在其限，也因此出現各種哭笑不得的騙術。在他們的定義裡，這是一種說話的藝術以及你情我願自動掏錢的行為。

　　旅行一段時間所累積的經驗和厚臉皮功夫，除了降低被當肥羊宰的機率，也時時刻刻提醒自己貪小便宜通常會得不償失。這裡最容易被坑騙的地方，大多為交轉站、名勝景點、紀念品區等遊客眾多的地方。不熟悉當地文化或警覺心不夠，都容易遭殃。特別是大眾交通工具不發達，計程車亂跳錶、繞

乾燥炎熱的氣候，駱駝是最好的夥伴。

路、獅子大開口、不找零、偷換錢、騷擾等技倆都不勝枚舉。

　　前往佩特拉時，就遇上計程車司機想坑錢。由於約旦共乘計程車非常盛行也相對便宜，在旅社問清楚大致的路程及價格後，和韓國旅伴在路上招了車就準備前往。司機熱情地有說有笑，詢問我們從哪來、要去哪邊、對約旦的印象如何，還提供了幾個推薦景點給我們。我們就這樣一路輕鬆聊天，直到旅伴察覺一件事。

　　「司機好像在繞路。」她指著地圖輕聲說道。

　　「不好意思，請問你在繞路嗎？」不知哪來的勇氣，我笑著拍了拍司機的肩膀、直球對決。

　　「啊，不是啦，這條路是新的。我怕原路塞車才走看看嘛。」他支支吾吾地回答。

　　「繞也沒關係，但我們有先講好價格，該給多少我們就給多少，不多也不少喔。」我斬釘截鐵地表態，表示沒有轉圜的餘地。抵達時他自知理虧，拿

了錢就迅速駛離。

「你好棒，台灣人都這樣據理力爭嗎？如果只有我一個人，我可能就乖乖照付了。」

「我先前搭小巴士也遇到類似的狀況，車掌說有個法國人背包太大，要加收兩個人的錢，但其他人都沒有多付行李費用。他反映後，車掌就直接退他錢了。」

在外遇到不合理的事，與其默默受氣，不如直接提出疑問，遏止這樣的行為，也避免出現下一位受害者。如果對方踰矩或翻臉不認帳，記得即時向周遭當地人或警察求助，相信多數還是會仗義執言的。

星空下的佩特拉古城，被傳統及現代拉扯的貝都因人

走進綿延不絕的蛇道，絢麗的岩石峭壁因陽光照射呈現出不同的霞紅金

沙漠中的玫瑰古城，是貝都因人賴以生存的家。

觀光之於貝都因人，如同水之於魚。

色，岩層特殊的波浪曲線，像極了婀娜多姿的神祕女郎。朝著隱身在峽谷中的神祕古城佩特拉走去，彷彿我也成了《聖戰奇兵》裡的一個角色，跟隨印第安納・瓊斯探索隱藏在古老遺跡中的奧秘。

　　牽著騾子招攬遊客的貝都因人，獨特的黑眼線妝，頭戴紅白相間的傳統頭巾，身穿白色寬鬆長袍，深邃的五官加上高壯的身軀，個個頗具魅力。在阿拉伯語中，貝都因意為沙漠荒原上的遊牧民族。逐水草而居的他們，在嚴峻的大自然中磨礪出一身驍勇善戰的技能，在資源貧脊時則進行掠奪。「我們以劫掠為職業，劫掠我們的敵人和鄰居。倘若無人可供我們劫掠，我們劫掠自己的兄弟。」某位阿拉伯詩人如此形容。

　　但多數貝都因人其實是海派好客的，因此能在觀光區游刃有餘地接待遊客。因應時代變遷，為了維持生計，他們不得不開始在觀光區販售手工藝品、提供騎乘用駱駝和騾子，或安排遊客到村落體驗沙漠中的生活。他們從觀光客身上一點一滴地學習英語，連小孩都說得很流利，身處在動盪的環境，從小就練就出自己的生存之道。

　　蛇道盡頭別有洞天，壯麗的卡茲尼神殿就聳立在眼前，已有兩千五百年歷

史的她，建造的時間和原因都還是謎。希臘式的建築風格，宛如在山壁上鑿刻出一扇古城門。岩壁上的出色雕飾讓人嘆為觀止，壁柱的精緻雕刻雖因長年侵蝕與風化，逐漸消失，卻仍不減壯麗。多年前內部還開放進入，但由於不少人在岩壁上刻字，最終政府為保護這世界新七大奇蹟之一，拉上了封鎖線，讓人們只能在遠處瞻仰。

佩特拉也因其赤褐色砂岩的多變色彩聞名。我在日落時分前登上修道院，想欣賞夕陽暖光灑在廣闊大地上的模樣。殊不知路程遙遠，抵達山頂時已幾近日落，但反倒是在沒有光害的環境中，看到了滿天星斗的美景。在浩瀚星空下，我小心翼翼地摸黑下山。不遠處傳來古樂器的悠悠聲響與談話聲，我趕緊快步向前，跟在準備回村的貝都因人後方，避免落單。

有個貝都因人主動與我攀談，説著民族世代的轉變，以及如何學習和觀光客打交道。過去老一輩的家族還住在洞穴中，直到約旦政府為了將這世界級的文化遺產打造成觀光聖地，於是規劃了村落，當作讓他們遷出的補償。

「政府侵門踏戶地佔據了我們的家、我們的土地，卻沒有告訴我們未來會如何。」

有些人幸運地擔任文物管理員、有些人擺起攤販銷售手工編織品、有些繞著觀光客乞討、亦有些人透過貝都因村落開發出獨特的觀光體驗行程。在時代的洪流下，他們處在現代與傳統的夾縫中，是觀光剝奪了他們的家園、抑或是政府漠視了他們的權利？但遊牧民族與生俱來的樂天知足，讓他們依然保有對生活的熱情及追求無拘無束的自在。

燦爛星空下，點點光芒宛如希望，點綴著佩特拉這座瑰麗古城。像是搭上時光機，走進時空迴廊，

冬暖夏涼的岩石洞穴屋，
夜晚偶見營火閃爍著。

也踏進貝都因人的回憶裡。我心想，能遇見他們一起走這段路真是太好了。抵達入口處，他伸出手致意，卻冷不防地朝我胸部戲謔地偷襲了一把。原以為的友誼之手，結果卻是隻鹹豬手。出門在外，果然一刻都不能大意啊。

曾經的輝煌及大地奧妙的傑作，都在此一覽無遺。

Chapter 10

三大一神宗教聖地
的神聖與哀愁

以色列
ISRAEL

走進信仰與衝突之地，
領受歷史賜予我們的啟發和省思。

哭牆前認真禱告的少女。

　　以色列，在希伯來聖經中意指「與神角力者」，指的就是這個堅毅不拔的民族。在悠久歷史中，猶太人將以色列視為生活信仰的核心，將她稱為聖地，亦即「應許之地」。現今的以色列主要為猶太民族，但仍是個文化大熔爐。猶太人從世界四面八方聚集而來，除此之外，也還有阿拉伯人和其他民族居住於此，不同語言、不同膚色、不同信仰，就在異中求同的紛爭裡，彼此找尋一個能共同生活的平衡點。

以色列雖然是個小國，但實力卻不容忽視。獨立建國後，這個不服輸的民族在各領域不斷力爭上游，脫穎而出。從零開始的基礎建設與發展，在世界的洪流中異軍突起，於舉國同舟共濟之下成為研發經濟強國，在科技、農業、藝術領域皆人才濟濟，成為國際間不可小覷的存在。

而境內爭議不斷、吸引全球各大宗教來朝聖的聖城「耶路撒冷」，除了是身邊不少基督徒好友心中的憧憬，也讓非教徒的我產生了濃厚的興趣。三大宗教的角逐、信仰間的並存和紛爭，都在這片土地上不停重演。

歷經兩小時嚴格盤查，宗教政治間的愛恨糾葛

約旦和以色列兩國陸路相鄰，北中南都各有一個海關檢查哨可連接過境，從約旦南方的阿卡巴過境到伊雷特，再搭乘巴士前往聖地耶路撒冷。除可省下一筆交通費用外，也是我首次試著用步行的方式通過國境。

因為長年紛爭，護照上若有以色列海關戳印，會被很多阿拉伯國家拒絕入境，反之亦然。由於我護照上有伊朗簽證，入境時也被嚴格盤查，但我還是幸運地快速取得了入境許可，而且沒有蓋印在護照上，而是給了張小小的入境卡。

哭牆凝聚了誠摯的祝禱與信徒的期盼。

同行旅伴就沒有這般順利了，被問了一堆為何造訪伊朗的原因，還被直接帶進海關盤查的小房間進行身家大考驗，除了來到這裡的目的與停留時間外，甚至還被問了爺爺奶奶的名字。

由於旅伴太過緊張，加上爺爺奶奶較早離世，相處的記憶並不多，竟然就這麼忘了親人的名字。支支吾吾地回應更引起海關人員的懷疑，就這樣卡關卡了將近兩個小時。

「他們真的知道我爺爺奶奶的名字嗎？」結束後，旅伴一臉狐疑地問我。

順利入境後，背著重達二十公斤的行囊，我們在大熱天底下走了將近七公里才抵達公車站，此時早已飢腸轆轆。前往聖城約莫四到五小時，沿途山路環繞，停靠休息站時，只見其他旅客出手闊氣地大肆採購食物。早已耳聞以色列的高物價，但一塊普通到不行的小餐包售價就要台幣一百元，對省吃儉用的背包客而言真的是讓荷包大失血。我和旅伴好不羨慕，但也只能先吃點手邊的麵包餅乾，等到進城再來大快朵頤。

但世界上最悲傷的一件事，就是準備大吃一頓，卻剛好遇上以色列新年及安息日。所有商店都關門熄燈的街上，只剩我們的肚子在演奏著交響曲。安

苦路、十字架，在耶穌基督的愛底下，我們都是一樣的。

息日是猶太紀念上帝和思考生命的節日，建立工作和休憩生活的節奏，也因為以色列人曾在埃及為奴，在嚴峻苛刻的環境中被奴役，故守安息也象徵著慈憐。從每週五的日落後直到週六，點上蠟燭的那一刻就是開始，人們互道平安，享受和家人團聚的時光。

　　儘管飢腸轆轆，但看著街上的猶太人匆匆前往西牆禱告，放下忙碌工作，拉近人與人之間的距離，安息日就像是神美好貼心的善舉，讓人學習休憩、靜心，彷彿也得到心靈的飽足。對於一週七日總是汲汲營營的現代人來說，這才是更需要學習依循的哲理。

耶路撒冷的古城區，莊嚴而寧靜

　　走進耶路撒冷，儘管慕名而來的信徒相當驚人，但環境仍瀰漫著神聖的寧靜氣息。像是走進歷史的記憶漩渦，這個僅有一平方公里的老城，每一處都有著故事。爭議性的宗教聖地融合不同文化、宗教、民族和階級，有猶太教的西牆和聖殿山、穆斯林的圓頂清真寺和阿克薩清真寺，以及基督徒的聖墓教堂和苦路十四站，彼此各據一方，堅守著信仰與真諦。

　　由於位在敏感地帶，常因為簡單的一句話、一個動作，就會引發對立衝突，老城區已是十步一哨。再加上以巴長年衝突的緊張關係，以色列幾乎是全民皆兵，多數以色列人，不分男女都受過軍事訓練，服兵役就像是他們的

「成年禮」，是保家衛國的殊榮。不同於其他國家軍人的嚴肅和距離感，以色列軍人對外來遊客及當地居民十分友善，團結凝聚的向心力，也造就他們建國以來不敗的戰績。

「在以色列當兵要當多久呀？會很辛苦嗎？」我好奇地向一位女兵詢問。

「男性要三年，女性則是兩年，都要經過真槍實彈的訓練，因為以色列經不起打輸一場仗，而且恐攻自殺客也充斥在我們的身邊。」她感慨地說著。

眾所皆知的哭牆，猶太人在此哀悼流亡的歲月，而這裡也是他們唯一被合法許可禱告之地。信徒和遊客紛紛在紙條上寫下祈願並塞在縫隙中，他們相信這會讓耶穌更能聽見他們的禱告，感受他們對信仰的虔誠。這裡曾被約旦佔領長達十九年，猶太人不被允許在此祈禱，直到一九六七年的六日戰爭被收復後，大批猶太人蜂擁到哭牆，失而復得的喜極而泣、百感交集地在此祝禱，而另一批失去家園的阿拉伯人則五味雜陳，懷抱著不甘和不捨。

由於正統猶太教男女祝禱時需分區，哭牆也依循原則劃分。我入境隨俗地找了一個位置低頭祈禱，為旅程祈福，也靜心思考工作與生活的價值。看到猶太人對安息日的重視及依循，再反觀台灣不分平假日的各種二十四小時服務，人們是否也因為忙碌而疏離了和家人親友間的情誼。

「安息日期間，我們也禁止使用3C產品喔。」旅社主人笑著說。

不能使用手機、電腦，還不能生火、不能按按鈕等，有這麼多限制，還真是佩服猶太人的自制力呀！但別忘了他們是如此聰穎的民族，上有教規、下有對策，他們透過定時保溫器、每層樓都停的電梯、找非教徒人士幫忙，來解決諸多不便，不愧是懂變通、思考靈活的猶太人啊！

中東最古老的城市，以色列中的幽靈小鎮

想一窺以巴衝突的真實樣貌，了解雙方是如何因歷史的結，造成難以撫平

的仇恨與傷痛，友人建議我們去伯利恆和希伯崙走一回，感受身處在衝突中的隱性平衡，還有人民百般的無奈及捲入戰況的惶恐。

聖經記載的耶穌出生地伯利恆，多數遊客是慕名「聖誕教堂」而來，這個全世界最古老的教堂，相傳記載著耶穌基督誕生的確切位置。它隸屬在巴勒斯坦內，當公車駛近城區時，一大片高聳的城牆映入眼簾，像是監獄般，阻隔限制了巴勒斯坦人的生活範圍。這裡的物價只有以色列的一半，很難想像才跨過一道牆，卻有如此大的生活差異。未經許可的公共交通工具無法進出、當地居民也不被允許進入以色列。定期的宵禁、檢查哨都對巴勒斯坦居民產生了莫大的陰影和影響。

「要導覽嗎？介紹以色列如何佔領我們家園，你們也可以捐錢給基金會，幫助我們重建家園。」一位英文流利的巴勒斯坦青年主動上前攀談。

「沒關係，我們自己走走逛逛就好了。」

「你們一定支持以色列對不對，滾出去！沒人真正關心我們國家。」他憤怒地吼著。

一頭霧水的我，思考著是否有說錯或做錯什麼，還是單純是因為仇恨衍伸出的排外意識。非黑即白的政治立場，深深影響著人民的生活和價值觀。

位於耶路撒冷南方三十公里處的希伯崙，則是擁有神聖地位的古老城市。這同樣歷史悠久的古城也屬於巴勒斯坦，是猶太教中僅次於耶路撒冷的聖城，也是這趟以色列之行讓人最震撼的地方。即便是外國人的我們，也得通過迴廊接受軍警的層層盤查及確認身分。最著名的遺跡是麥比拉洞（亞伯拉罕的墓地），是基督教、猶太教和伊斯蘭教共同認定的祖先，三教都將此地視為聖地，也是引發以巴衝突的起點和核心。

六日戰爭後，以色列取得希伯崙的全面管轄權，開始有計畫地「插旗」分

商家熱情的吆喝，邀請我們一起喝茶聊天。

區，將軍隊和居民逐漸移入駐點。防守的武裝軍，幾乎是居民人數的好幾倍，對世代居住在此的巴勒斯坦人而言，對這種重兵監控管制當然會感到屈辱。曾經繁華的街道也在多次戰爭衝突後，導致多數居民外移，形成一個幽靈小鎮。

空蕩蕩的街頭，遠遠望去還有坦克車停在路邊，到處都是被砲彈打到殘破不堪的建築，各種塗鴉諷刺地描繪著兩個民族間的爾虞我詐。

以色列人指控巴勒斯坦的野蠻及無紀律；巴勒斯坦人則批判以色列的侵占與霸道。雙方說法各執一詞、互相控訴，宗教文化與領土主權的衝突，讓他們壁壘分明地劃上界線。

「這裡原本就是我們的家呀！」手工陶藝店的老闆說著。

「前幾個禮拜，才有年輕人因為好玩持刀，被以色列軍人認為有危險性就當場擊斃了。才那麼年輕啊！一條生命就沒了。我們也要親自接送孩子上下學，避免意外。有時候童言無忌或小朋友不懂事拿東西亂丟，一個不小心就會打起來了，衝突一觸即發。」

即使家就在一百公尺不到的直線距離，卻因為宵禁和分區行動管制，有時必須要繞上好遠的路才能到家。巴勒斯坦老闆言談之中，透露著深深的無奈與委屈。

此時剛好遇上一群手牽手放學的伊斯蘭孩童，另一頭的以色列孩童似是用希伯來文說著挑釁的話語，只見老師急忙快步將學生帶離現場。

原來，在我所不知道的世界裡，這些衝突會真的在日常發生，無法化解的仇恨，從小就深植在他們心中。

晚間，在等待公車準備返回耶路撒冷時，遇上被派駐在這裡的以色列軍人，他的主要工作就是防止兩邊人馬衝突，以及遏止可能發動的恐怖襲擊。

「宗教節慶時，連走哪條路都要嚴格隔離。雙方太容易看彼此不爽，一件微不足道的小事都可以用放大鏡檢視，丟石頭、潑水都還算和緩了。」軍人也無奈地說道。

環顧周遭，看著空無一人、滿目瘡痍的街道，牆上塗鴉寫著「GHOST TOWN」的字樣，格外諷刺。而這一切的犧牲者，依舊是平民百姓，心裡頓時萌生感嘆。親自來訪，比歷史教材的內容還更衝擊深刻。宗教和民族永遠沒有標準答案，如果更能包容體諒，珍惜和平自由的可貴，或許這樣的仇恨才會經由不斷的世代交替，漸漸淡化平撫。

「你們知道嗎？這台是唯一使用防彈玻璃的公車呢。」軍人望向我即將搭上的這台車，語氣中似是夾帶了複雜的情緒。

Chapter 11

好客國度，主人與訪客
是安拉派來的天使

土耳其
TURKEY

只要灌注盛情，
我們能夠給予的，往往超過自己的想像。

Turkey

　　橫跨歐亞大陸的土耳其，雖然百分之九十七的國土都在亞洲，仍自詡為歐洲一員。前身是強權鄂圖曼帝國，領土曾跨越歐亞非，位處地理樞紐，長年累積下來的豐富自然與人文景觀，在在顯示她超群出眾的獨有魅力，讓首次初訪的我驚豔不已。

　　走過渡假勝地安塔利亞、體驗熱氣球和洞穴屋的奇岩怪石國度卡帕多奇亞、世界遺產番紅花之城和宗教之都伊斯坦堡，沿途體認到土耳其人的那份率真與誠摯情感，是不亞於美景的存在。古蘭經寫道：「一個信仰安拉和末日者，應該慷慨款待客人。」

走在路上都能感受到友善，三不五時就被吆喝著：「一起喝杯土耳其紅茶或咖啡吧！」小銅杯器皿細火慢焙著咖啡，剛好的溫度和不濾渣的特色，品嚐起來稍微苦澀。即便是融入日常生活的國民飲品，但當地人品嚐的可不只有咖啡，還有對生活的期盼及趣味。淺嚐後，他們會將小銅杯翻轉於碟盤上，等待咖啡渣凝結，再根據紋理和圖形進行占卜，看似簡單卻十分講究。要使用濃郁純土耳其黑咖啡，不加糖、奶等配料，只能預測未來一個月內的事。由於十分盛行，甚至還有專門的APP解析，對土耳其人來說，是生活調劑，也是一種心情的撫慰。

用一杯土耳其紅茶和黑咖啡開啟美好的一天。

「你的是滿月形狀，代表正受到天使的眷顧和祝福，要朝著目標勇往直前！」土耳其人為我的美味咖啡下了註解。

漫遊土耳其，路上總不經意地接收到盛情款待，甚至等車時也能收到路人遞來一顆香甜美味的蘋果。想起古蘭經上提及：「每位上門的訪客，都可能是天使派來的使者。」殊不知，被造訪的主人，早已經是天使般的存在。

番紅花城巡禮，藉由創作交流進行國民外交

紅瓦白牆的鄂圖曼式住宅是番紅花城獨有的特色，她因盛產番紅花而得名，舊城區也被列為世界文化遺產。悠閒的街道像是靜止的歲月，長輩們用

土耳其語跟我問好，溫柔的笑容暖如陽光。店家拿著傳統土耳其軟糖在街上提供試吃，市集中販售飲食、乾燥番紅花、顎圖曼小屋磁鐵以及各種手工藝品，十分熱鬧。

最華麗的夢幻國度，搭乘熱氣球俯瞰大自然的鬼斧神工。

番紅花城不大,走入舊城,探訪清真寺,再來個傳統土耳其浴。

　　貓咪們在暖陽下打盹,三不五時過來撒嬌磨蹭,由於居民的友善對待,牠們非常親人,街道轉角總會看到放有水和飼料的小碗,讓以街巷為家的牠們也能三餐溫飽。相傳先知默罕默德也是愛貓人士。某天要起身做禮拜時,發現愛貓在他的衣袍上熟睡,為了不打擾牠,便將衣袖剪掉才起身離去,這也讓貓咪們在伊斯蘭教中的特殊地位無可比擬,加上愛乾淨懂得自身打理的天性,更因此備受疼愛。

　　市集尾端有間專門繪製Q版人物的小店,木門上掛滿作品。佇足觀賞時,店老闆Sakin走了出來,他邀請我們進去喝茶,結果一坐就坐了六、七個小時。中途還買來當地有名的烤雞和水果款待我們。他一一介紹店內作品,其中有個旅行者木板創作是他最珍惜也最印象深刻的。

土耳其貓咪的慵懶模樣讓人愛不釋手。

「她也來自台灣，也浪跡世界。台灣人親切真誠，讓人很喜歡和你們交朋友。」

每當在異國聽到有人喜歡自己的國家，都會莫名地開心驕傲，因為每個旅人都代表台灣、都肩負著小小外交官的重責大任。

「溫蒂，我幫你畫一幅畫像吧！」他拿起紙筆開始繪圖。

「那我們來交換！」被Sakin的熱情感染，我決定也來重拾畫筆！

每次收到當地人贈予的小禮物，我都會分外珍惜。無論是編織手環、手作戒指、繪畫，都是特別的獨有回憶。旅行剛開始時，我也準備台灣的硬幣紙鈔交換，但終究會用完。這時只能腦力激盪，想著自己還可以給予什麼讓彼此留下回憶的東西。

我喜歡手作的溫度和個人風格，雖然小時候短暫學過水彩，也喜愛隨筆創作，但人物素描一直是我不擅長的。就在我把Sakin畫成四不像時，我立刻放棄，決定改畫一個介紹景點、美食、宮廟文化的台灣地圖給他，用創作回贈創作。

由於他的旅行者作品是木板燒烙畫，主要是用加熱後的烙筆在木板上進行有「溫度」的創作。我依樣畫葫蘆在作品融入台灣人的盛情，希望他有朝一日也能來台灣。看著Sakin開心地將這幅畫掛在店中時，我想這應該是最值得紀念的回憶禮物了，是用金錢也買不到的獨一無二。

揮別印度後的重逢，土耳其媽媽的宴客之道！

接下來，我準備去伊斯坦堡拜訪一位土耳其女孩Berfu，這段機緣源自於三個月前的印度恆河畔。當時有戶人家正將過世長輩的大體送至恆河邊清洗，準備完成輪迴的人生大事。那時我們剛好都在一旁靜靜觀看，感受這肅穆且截然不同的傳統文化。結束後她請我拍照，紀念來到印度恆河，並見證這神

Sakin的小店溫馨可愛，每個作品都有一個故事。僅以Q版圖和台灣美食圖表達我無限的誠意。

聖的輪迴時刻。

「你來自土耳其啊，我也好想去拜訪你們國家。」

「這是我的臉書，到時候你來的時候，記得跟我說一聲。」她熱情地回答。

沒想到後來我真的來了，但擔心當時她只是基於禮貌應對，所以並沒有特別聯繫。沒想到我在番紅花城時收到了Berfu的訊息。

「溫蒂，你來土耳其了嗎？我看到你臉書的照片，怎麼沒有聯繫我啦！」

我們相約在伊斯坦堡碼頭，但由於碼頭擁擠，來來去去的人潮幾乎快淹沒矮小的我，還在懷疑能不能順利碰面時，遠遠聽到有人大喊：「溫蒂！是你嗎？」接著一臉燦笑的Berfu跑過來，給了我一個大擁抱。到了她家，只見滿桌豐盛的佳餚，香味撲鼻而來。

「溫蒂，這是我媽媽。雖然她是老師，但我們都說她不當廚師太可惜了，她一聽到你要來我們家，就說要準備你的接風派對。」

家常土耳其佳餚，簡單卻好吃到不行！紅酒配上鮮嫩多汁的土耳其肉串、香酥的烤餅，最後再來一份傳統甜品阿舒拉。這道經典甜品有點像台灣的八寶粥，是我最喜歡的一道。它又稱為諾亞方舟布丁，傳說是洪水退去那天，大夥登上陸地後便將船上的穀物、乾果、豆類熬煮成甜粥一同歡慶分享，還因此催生了阿舒拉日。每到這天，土耳其媽媽都會熬製這道甜點，和左鄰右舍一起分享。

「我看過台灣立法院質詢的影片，跟我們土耳其政客一樣都會大打出手耶！」餐席間閒談到兩國的文化時，Berfu爸突然天外飛來一筆。我噗哧大笑出來，竟然連這個也揚名海外了？

「對了，我有亞洲的筷子喔，你教我們用好嗎？」看著Berfu小心翼翼從櫃

子拿出一個用布包著的木盒，看似非常珍貴。打開才發現竟然是雙免洗筷！我們玩起夾米粒的比賽，我也下定決心回台灣後，一定要送「真正」的筷子給他們。

由於入秋後早晚已有溫差，他們還送了圍巾和毛衣給我，對極度怕冷的我來說，真的是再貼心實用不過的禮物了。

「在我們家好好休息、養精蓄銳知道嗎。要記得，你在土耳其永遠有個家，有個姊妹。」

如同不少人說過，土耳其人的用心，只為「把最好的留給你」，而這份真心關懷，我也著實感受到了。夜裡，我在客廳畫下一張張手工卡片，把感謝的心意灌注其中，還答應Berfu，等抵達中南美洲，會從她最喜歡的國家古巴寄明信片給她。

隔日看到她將我的卡片連同其他紀念品貼在冰箱上時真的很開心，因為被珍藏的不只有形物質，還有無形的心意。而禮物的珍貴就在於心意，當心意相通時，不管是多簡單的東西都能賦予獨特意義。

「溫蒂，我媽說明天要幫你餞別，她會做很多你愛吃的阿舒拉唷。」

對於土耳其人、特別是土耳其媽媽的盛情款待，果然不能小看呢！

滿滿一桌豐盛的菜餚，結果隔兩天又來一場餞別派對。
Berfu說：「要記得，你在土耳其永遠有個家。」

伊斯坦堡著名地標
加拉達石塔與沿途
街景。

Chapter 12

在藍與白的純潔世界
感受簡單浪漫

希臘
GREECE

感動，就在你到來、
融入眼前景緻後不斷地湧現。

佇立於愛琴海最璀璨的明珠上。

為了見識人稱世界最美麗的日落夕陽之景，我訂了間提供機場接送、有廚房和大床的民宿，準備前往這個被愛琴海擁抱的碧藍小島。藍白相間的建築、驢子行走在崎嶇蜿蜒的石頭小徑、貓慵懶地躺在圍牆上打盹，相信有很多人都將聖托里尼島視為此生必訪的的希臘小島。

由於前往時已是淡季，機場遊客已相對稀少。民宿主人表示：「你們離開的那天，也正好是我關門的時候。這裡十一月會變冷，旅客減少，船也會停

像雙層蛋糕又像城
堡般的藍頂教堂。

在費拉與伊亞見識
白晝與日落時分的
光影魔法。

貓咪跑來撒嬌，還賴在
我包包上不走了，很重
啊，貓大爺！

駛，島上的居民多會回內陸雅典賺錢，等旺季時再回來。」

　　民宿位於首府費拉外圍，一眼望去就能看到波光粼粼的愛琴海，難怪在希臘人眼中，聖托里尼就是在眾神眷顧下「最美」的代表。雖然商業觀光氣息濃厚，但好在正值淡季，並沒有人山人海的遊客湧入，悠閒地在藍白色街道裡穿梭，非常舒心自在。

　　沿山壁修築，比鄰而建的潔白建築體和藍色圓頂，在陽光普照下更顯雅緻。風車、燈塔、教堂、住家，在藍白交織中構成美不勝收的畫面。偶爾轉個彎看見鵝黃色的圓頂教堂，或橘紅色的斑駁牆面，也宛如巧思點綴、毫無違和地融為一體。

　　聖托里尼也猶如一座小型的貓島，從土耳其一路來到這，街道上都充斥著貓，而且都被照料得非常好也十分親人，我想牠們或許才是這裡最懂得生活的族群。在一片美景下，慵懶地打盹曬太陽，肚子餓時就和居民討個海鮮大餐，偶而和觀光客撒嬌打招呼，換得搔搔背及拍拍屁股按摩，在這片愛琴海上，牠們也是美麗風景的構成元素。

在超市捕獲超大章魚腳

　　走訪紅沙灘及島邊燈塔，四周滿是險峻的山壁，由於富含鐵質，山壁和沙

灘上砂石皆為暗紅朱色，和愛琴海呈現紅藍交織的獨特畫面。早晚溫差大，在太陽照射不到的地方仍稍顯寒冷，海灘也因此門可羅雀，僅有少數歐美客仍在享受海風的吹拂。

在這裡，海鮮幾乎是居民的主食，也由於是觀光勝地，餐廳價位幾乎都不便宜。經過海景餐廳時，由於多數旅客都是來渡假享樂的，龍蝦、章魚大餐等一道道美食佳餚香氣滿溢，看得一旁的我口水直流，羨慕至極。

於是當晚就決定去超市大肆採購，價格幾乎都是餐廳十分之一不到，真是讓人驚喜。一隻肥嘟嘟的冷凍章魚腳僅一歐、鱈魚片四入也才要價兩歐。我

決定自己來份澎湃的海鮮大餐，況且自己煮的話，料多豐富絕對能吃得又飽又滿足。

也因為開伙才發現，由於海島淡水取得不易，島上用水都是採用海水淡化系統處理後的水，難怪燒開水、煮湯、洗澡時，都一直嚐到鹹鹹的味道，湯頭也因此變了調。淡化處理後的水雖然不好喝，但卻解決了居民最重要的民生需求。古早時期島上僅能透過收集雨水這種傳統方式來維持短暫日常用水的需求，雖然在其他方面得天獨厚，但還是得為這種理所當然的基本需求煩惱呢。

獨自漫遊希臘的老奶奶，不分年齡的浪漫冒險

在我準備去伊亞欣賞日落餘暉，正步行前往公車總站時，遇見了一位老奶奶。她拿著地圖轉來轉去，似乎迷路了，我走過去確認她是否需要幫忙。

「這條路是這一條嗎？」她指著地圖上的某條路，接著拿出一張寫有飯店名字的小紙條。

我翻轉地圖研究並確認附近的路牌標示，內心也不是非常確定，打開手機離線地圖再輸入飯店名稱，APP很快地指引出要如何前往，因為就在不遠處，我畫了張簡單地圖給奶奶。

「這是我第一次獨自來希臘呢，可惜我的老伴無法跟我一起來這麼美的地方。」

她開心道謝後，就看著地圖出發了。背著旅行包包的她，看起來活力十足，但我還是不放心地在後頭跟了一小段，確保她是往正確的路前進後，才默默離去，敬佩也不禁油然而生。

旅行的意義不會受到年紀、幾時啟程、走過多少國家的限制，而是在於自身優雅自在地於每個國家體驗的姿態。無論語言不通、無論迷路徬徨，都能

日光與建築的顏色材質相輝映，散發出一種脫俗之美。

從容不迫地對應處理。我也曾遇過一位六十五歲的神級背包客澳洲奶奶，她已經環遊世界第四次了！全身散發出一股冒險家的活力氣息。在宿舍房內，她開朗地和大家問好，年長的她記不住每個人的名字，就根據國籍幫大家命名。「你就叫台灣、他是西班牙、那位就叫印地亞。」逗得我們笑彎了腰。

更令人佩服的是，在科技普及便捷的現今，我們輕而易舉就能查到相關資訊，並透過Google翻譯、地圖、攻略等大幅降低了旅行的難度及門檻。但老一輩的長者在早期資訊尚不發達時，他們僅憑著一張地圖與渾身勇氣，探索式地進行異國漫遊，用「不怕犯錯」、「開口詢問」的精神闖盪，對應突如其來的各種狀況考驗。想想今天存在如此豐富的旅遊資訊和景點，可都是前人一點一滴累積下來的寶藏啊！

在聖托里尼尋找浪漫的日常瞬間。

旅行的價值就是在地體驗

離開的前一天，原本還想到超市再買隻章魚腳來個海鮮饗宴，結果剛好遇上希臘國慶日，因為是國定假日的關係，所有商店不營業，但也因此幸運地參加到一年一度的盛大遊行活動。希臘其實有兩個國慶日，分別是三月二十五日紀念希臘獨立戰爭的獨立紀念日，還有十月二十八日，紀念一九四〇年希臘總理對義大利侵略者的最後通牒「勇敢拒絕說不」（Ohi Day），成功領軍擊敗義軍的日子。

每年這個時節，都會在聖托里尼島的首府費拉進行閱兵式，舉國歡慶，場面非常熱鬧壯觀，小朋友們都會盛裝出席，大家揮舞著藍白相間的希臘國旗，列隊歡迎表演隊伍。學生們換上傳統服裝載歌載舞，童趣的模樣吸引著眾人目光。盛大的遊行持續整個上午，看著民眾專注地唱國歌的神情，也感受到這一天對希臘人的非凡意義。

午後，民宿老闆載著我前往機場，等待期間我開始計算自己在這裡的花費，在不嚴格又稍有節制的情況下，發現自己僅僅只花了七十五歐元，瞬間也覺得這樣的數字好浪漫呀！不愧是人文風景浪漫的聖托里尼，連錢包也跟著浪漫起來。

將深情浪漫的心願寄託在鎖頭，用鎖乘載著誓言與愛意。

盛大的遊行持續了整個上午，並在熱鬧的費拉飲酒慶祝。

　　五天四夜的希臘聖托里尼之旅，儘管花費不多，卻換來充實的體驗，難怪有人會說：「窮遊是一種信念，也是一種試煉。」根據自己的預算，找到最舒心的旅遊方式，就是最棒的假期體驗。

　　離別前，想起伊亞那抹粉紫紅色夕陽、瞬息萬變的光影及純白無瑕的城景，這一次是窮遊的浪漫，等下一次再度造訪，願我也能和情人坐在海景第一排，享用著龍蝦大餐，體驗愛情海令人陶醉迷戀的氣氛，享受另一種聖托里尼的浪漫情懷。

Chapter 13

東歐小巴黎，
意料之外的古堡之國

羅馬尼亞

ROMANIA

細緻的懷古元素，
留存了過往時空的風華煙雲記憶。

Romania

　　羅馬尼亞位於巴爾幹半島北方，又有「東歐小巴黎」之稱。早期羅馬人、德意志人相繼佔有這片土地，隨著時代演進，留存至今的古堡、教堂、鐘塔、觀望塔樓以及壁壘城牆，皆見證著過往的歷史和歲月。由於物價便宜、民情熱情好客，還有絢麗的黑海和高聳的喀爾巴阡山、古代和現代融合的建築文化，加上跨境交通相當便捷，因此被不少歐洲人視為精緻的後花園，也是熱門的旅遊勝地。

　　境內位於皇冠之城布拉索夫不遠處的布朗城堡，是傳說中聞名世界的吸血鬼德古拉的故鄉，更是創作雛形的發源地。許多吸血鬼迷為了一探傳說究竟

較少被亞洲人列入旅遊清單的東歐小巴黎。

慕名前來，而我則是貪圖機票便宜才從聖托里尼島順道飛來。儘管是意料之外的旅程，卻讓我有幸認識了一個美麗且富含文化底蘊的國家。

羅馬尼亞對台灣免簽，但出入境章不蓋在護照，而是另蓋印在紙上，出境後便會回收。每每遇上這樣的情況都還是會感慨萬千，這種模糊空間的操作，主要來自國際間的政治現實，免簽雖不代表對國家主權的認同，卻是彼此尊重的表示，在旅行中尤其有感。當我們對來自台灣引以為傲的同時，也期盼能透過不同層面的努力，讓台灣逐步勇敢自信地走向國際舞台。

於清晨抵達後，我計畫搭乘四點的巴士前往布拉索夫，售票員特別提醒今天是秋季轉換日，會多出一個小時，發車時間會調整為三點，讓人瞬間覺得有點時空錯亂。轉換日又稱為夏令時間，秋季時又調回正常。這段期間會有個有趣的現象，很多掛上傳統時鐘的店家如果忘記手動調整，就會出現各處時間不一的錯亂狀況。在這一天，大眾交通工具的出發時間都會特別提醒，避免乘客因此錯過。

森林由翠綠轉紅的季節，埋藏於古堡的浪漫

即將入冬的布拉索夫，被白雪皚皚的山峰環繞，凌晨顯得格外寒冷。我揹著將近十八公斤重的背包四處尋找落腳處，但旅社不是還沒營業，就是找不到地圖上顯示的正確位置。飢寒交迫加上寒風刺骨，頓時覺得自己好像賣火柴的小女孩，基於求生本能，我厚著臉皮走進當地一間五星級飯店內，希望能獲得協助。

「不好意思，能否讓我在大廳待到天亮？外面實在太冷，我還沒找到旅社。」

「這樣啊，我們大廳七點開始讓貴賓用早餐，在那之前你可以待在這裡休息沒關係。」服務員滿臉燦笑，完全沒有任何的不悅和不耐煩。

　　心想真不愧是五星級的服務態度啊，也或許就如外界所說，羅馬尼亞人就是如此開朗且樂於助人。看著門外微亮的天空，我蜷縮在飯店溫暖的絨毛沙發上，心滿意足地閉上眼休息。

　　一大清早，在市區找到住宿處並吃飽喝足後，我旋風似地搭乘火車，前往鄰近郊區的佩雷斯城堡。它是歷代君王渡假使用的夏宮，號稱歐洲最美的城堡之一，帶著新文藝復興的氣息佇立在山巒間，猶如一顆耀眼明珠。秋轉冬之際，楓葉悄悄轉紅、落葉妝點土地，浪漫地捎來季節更迭的訊息。走進林蔭小道，相較於城市的黑白色調，大自然豐富的色彩映入眼簾，彷彿置身於童話世界。

巴洛克風格的佩雷斯城堡。

　　隱身在茂密樹林後的城堡，屋頂高聳的尖塔直入天際，純潔的米白黃石牆配上深磚紅的窗櫺、立體的浮雕輔以精緻的壁畫，讓人不禁讚嘆鬼斧神工的建築功力。遊客絡繹不絕，入內需穿上鞋套、僅容許攜帶隨身小物，如要拍照還得申請攝影證。堡內收藏來自世界各地的兵器、繪畫、瓷器、飾品等，彩繪玻璃上的公爵維妙維俏，記錄著過往的繁華，將近一百六十個廳室依照不同功能用途，搭配變化多端的設計風格。整座城堡猶如博物館般讓人細數家珍，這都多虧了工作人員細心維護著將近一百三十五歲、屹立不搖又富麗堂皇的它。

彩繪玻璃窗像是訴說著蘊藏在歷史軌跡中的過往雲煙。

　　郊外有城堡、城內則有教堂及城牆堡壘，布拉索夫承襲著德國文藝復興風格，留下濃厚的文化色彩，其中不乏有被納入世界遺產的黑教堂，這是東南歐區域最大的哥德式教堂，因一場戰火將外牆燻黑，因此得名。周邊鄰近的市政廳露天廣場，則是當地人聚集休憩之處，在大大的圓弧形噴水池四處，林立著咖啡廳和餐酒館。

　　廣場上有對父子在餵食鴿子，調皮的父親故意往兒子頭上放玉米粒，鴿子便不停地往男孩頭上飛，男孩邊餵食邊不停地甩頭，陷入一場人鴿亂舞的渾沌中，在一旁觀看的我則笑得合不攏嘴。

　　不知道從何時開始，總喜歡放緩腳步，觀察旅途中的各種小事，記錄人們的可愛互動，用自己的步調和視角去認識一個地方，收集有溫度的故事。旅行應該是一種日常，不必刻意汲汲營營地收集景點，而是多留給自己一點時間去品味身邊發生的事。

你知道我在看你嗎？如影隨形的城市窺視

　　錫比烏，文化界的第一名媛，曾和盧森堡共同被選為年度歐洲文化之都，是一個美麗的撒克遜小鎮，也是我在羅馬尼亞最喜歡的城市。這裡保存著昔日的歷史景觀，最有趣的，就是當你踏入這個城市，便會發現屋簷上有一對對迷人有戲的雙眼，正持續凝視著訪客。鵝卵石街道與斑駁的牆面，展現過往歲月和現代生活一同刻劃的痕跡，讓人欣喜地迷失在這中古世紀元素所構

眺望布拉索夫的紅屋頂景觀。

成的美好迷宮中。

　　來到市中心外的傳統市集尋覓在地風情，新鮮的水果和蔬菜琳瑯滿目地在攤子上陳列。顧攤的長輩們精神抖擻地吆喝攬客，介紹自家的手工醬菜和醬料。醃製蔬菜有些微辣，他們告訴我醬菜可是羅馬尼亞的秋季代表，是為了迎接冷冽冬天的準備。而就在不遠處，身穿傳統服飾，蓬蓬花裙搭上長長的辮子，散發強烈氣質的吉普賽母女，正和旅客合照以索取費用，早有耳聞羅馬尼亞有許多吉普賽人定居於此，但沒想到就這麼遇上了。

　　吉普賽人是神祕不被拘束的流浪民族，起源於北印度，浪居於世界各地，東歐又以羅馬尼亞和保加利亞最多。羅馬尼亞人對這個民族似乎十分反感，認為他們聒噪無禮、好吃懶做、喜歡偷搶拐騙又不願意融入本土文化。只見當地人指指點點，似乎不樂意看到她們出現。

在傳統市集用視覺、聽覺、嗅覺、味覺認識當地文化。

　　由於獨特的生活方式、封閉的民族特性，導致多數吉普賽人無法融入主流社會，也形成惡性循環與歧視，讓人不經反思，世界各地似乎都存在著這樣的議題和宿命。

　　我拿著相機繼續穿梭在市場小道，一位菜販奶奶溫柔地把我喚了過去。

　　「你從哪邊來呀？怎麼會來菜市場，這邊很少觀光客的。」她用生澀的英語詢問。

　　「傳統市場最道地啊！可以知道你們都吃什麼、買什麼呀。」

　　「這樣呀，那這個你拿回去吃看看。」她隨手抓了一把菜。

　　「奶奶那我幫你拍照好不好，我們交換。」

　　一拍完，其他攤的奶奶們也開始熱絡鼓譟起來，拜託我也一起幫她們拍，還嘻笑著較量誰比較美，如此的少女心，相信就是眼前這群老奶奶們活力不減的主因。

　　離開前，奶奶開心地寫下了自己的地址，希望我回台灣後能把相片洗出來寄給她，頓時讓我心頭一暖。旅人拍照的意義，不就是為了這一刻嗎？我們給了彼此一個擁抱，奶奶親吻了我的臉頰，邁入冬季的寒冷東歐，似乎瞬間回溫了一些。錫比烏屋上的眼睛，不曉得是不是也記錄下這美麗的時刻呢？

暮色是不是有種吸血鬼國度的神祕氛圍呢？

Chapter 14

透過圍牆上的縫隙，
我們窺見了什麼？

德國

GERMANY

歷史的記憶不全然是美好的，然而它們所留下的傷痕，
會讓我們更珍惜現有的事物，並且為璀璨的未來努力。

　　我在飛往德國的首都柏林時，買到截至目前人生最便宜的機票，「五歐元」。沒看錯！就是如此迷人的價格。展開這趟冒險之前，我從未去東南亞以外的國家旅行，對歐洲的既定印象還停留在各種高昂的物價與消費，實際走一遭，才發現不盡然啊。尤其東歐物美價廉，超市蔬果及民生用品價格更媲美台灣，甚至更便宜。

首都柏林，是歐洲最具代表性的城市之一。她是歷史文化的觀光重鎮，走過政治與戰亂的紛擾，承載著喜怒哀樂的記憶於一身。如果用一本書來形容柏林，我會選擇《24個比利》，各自獨立鮮明的個性和記憶，既融合又分裂。現今的她，融合創意文化、科技工業於一身，是與時俱進的指標城市，而過去的她，經歷二次大戰、冷戰的撕裂和傷痛烙印，沉痛悲傷、仇恨對立，哀愁的過往仍在這個城市的一隅抹上灰色的記憶。但也正是這樣錯綜的愛恨情仇，淬鍊出如此獨一無二的城市樣貌。

緬懷每個為自由奮戰而犧牲的高貴靈魂

勿忘歷史，正視過去，一直是德國人謹記在心的事，這也是為何德國紀念博物館四處林立。回顧過往、銘記於心，才能省思並緬懷追思故人。曾經犧牲的血肉之軀，堆砌起捍衛自由的城牆；曾經響徹的吶喊與嘶吼，換來傳播和平之聲的力量。

見證興盛衰敗的布蘭登堡門，更是柏林自由的象徵。在東西柏林分隔時，處於中間地帶的它，屹立不搖地看顧一切，等待人們重返廣場、投奔自由的那一日。

「據我所知，即刻、毫不拖延地生效。」東德發言人當時在記者會上這句「美麗的錯誤」，讓圍牆一夕之間在精神面已然倒塌。東德第一批人，就這

來到柏林，別忘了找尋柏林熊的蹤跡，據說總共有三百多隻。

樣穿越布蘭登堡門，通往自由的康莊大道。

　　將近二十八年，這道長達一百五十五公里的圍牆分割了東西德，也將當年的柏林劃分為二。歷經無數的抗爭，犧牲了許多民主鬥士，終於打破這道高牆，也宣告德國的統一。適逢柏林圍牆倒下二十七周年，大批遊客都前來圍牆遺址瞻仰。很難想像在近六十年前的那個時代，相同血脈的人就這麼活生生地因為政治因素而被分隔在這道牆的兩邊，不但無法見到摯友和家人，想穿越這道牆到民主的西德生活，還得冒著生命危險，穿越地雷、士兵、偵查防衛哨站的天眼。

圍牆倒塌後，數以萬計的東德民眾駕駛這款車湧入西德。

紀念二戰時期受迫害的歐洲被害猶太人紀念碑，正視歷史。

無論是街道上還是紀念館內，人們以不同的形式，為沉重的過去留下紀錄。

一牆之隔，拉出了最遙遠的距離，也照映出許多心碎的家庭，當時的人們望向牆上的同一片天空，他們看到的又是什麼樣的情景呢？而現今我們從遺跡的牆縫看向另一側，是否能窺見當時的遺憾與民主自由的可貴？

柏林國會大廈可預約免費導覽，從頂樓可遠眺城市多處著名景點。

走過紀念博物館和公園，紀念碑上一張張的照片，是一個個替自由奮戰的高貴靈魂。民主世界得來不易的自由是透過無數次抗爭而來的，我們都應該好好珍惜且銘記這段歷史軌跡。這一天，也正是川普當選總統之際，在紀念館內的留言處，來自各國的人寫

下了心中的祈願與感嘆。「這一天，柏林圍牆倒下了，但同樣是這一天，美墨圍牆築起了」、「我們都是人，並沒有什麼不同」、「我們不應該築起任何高牆，不論它有形還是無形」。樸實簡短的話語，卻是貼近黎民百姓心聲的至理名言。

事隔多年，柏林圍牆這個歷史遺跡已搖身一變成為藝術聖地。圍牆上長達一點三公里的塗鴉被稱為「東邊畫廊」。在倒塌後，一群藝術創作者繪製了大量畫作，讓曾經萬惡的屏障，成為城市最美的一處風景。最著名的《兄弟之吻》，主題是蘇聯領導人布里茲涅夫和東德共產黨總書記何內克，在兩國簽訂兄弟邦交協議後的友好親吻。作品下方標記著「上帝啊，助我在這令人致命的愛中生存」，如今更顯反諷。另一幅則描繪著一名東德守衛，在圍牆隔離邊境時，抓住最後機會飛身躍過鐵絲網，踏上西德自由的土地。

這些經典的歷史畫面和回憶，都被藝術家以塗鴉的方式呈現。如同希特勒過去的官邸，如今成為二戰時期遭納粹屠殺的歐洲被害猶太人紀念碑，也是以藝術形式，用兩千七百一十一塊高度不等的混凝土板來呈現大屠殺時期的生者的徬徨。這些充滿政治意涵和幽默反諷的象徵背後，都是歷史的辛酸血淚，用美麗的藝術來刻劃過去的苦難，更能跨越生硬的形式渲染到每個人，讓我們不要輕易忘記這段過往。

柏林街頭遇詐騙，台灣友人跨海雪中送炭

儘管身為首都，由於生活消費相對其他國家和城市低，外來遊客及移民眾多的柏林，除了常看見乞討者，熱門景點區也不乏有人假借公益問券或在街道上聚賭，趁人毫無防備或貪小便宜時摸走錢財。層出不窮的街頭詐術，就這樣被我給遇上了。

一次是我正在博物館島外悠閒拍照，兩個貌似吉普賽的年輕女生，手中拿著簽名聯署表格，熱情地圍向我，除了不停跳針式地詢問我是否會說英文

外，也不斷湊上前要我幫忙寫問券。由於肢體動作太不尋常，我壓緊口袋和包包，提高防備心。說了聲「抱歉」便轉身就跑。此時身後還傳來疑似咒罵的怒吼聲。和友人分享後，才發現這是常見的偷竊手法，趁人不注意時摸走值錢的財物。

另一次就沒那麼幸運了，由於我喜歡觀察當地人活動，在選帝侯大道遇見一群人蹲在路邊玩猜盒子遊戲，便停下腳步。就是常見的三個小盒加一顆球，放進其中之一移動後，猜球在哪個盒子裡的遊戲。只見一組一組參與的路人，紛紛猜對並贏得五十甚至一百歐，我便鬼迷心竅地想加入這場遊戲。

結局可想而知，以為能猜對的我成為這場遊戲中唯一沒有贏錢的傻子。當下的我瞠目結舌，沒有辦法接受平常小心翼翼的自己，竟拱手將錢上繳給騙子！我企圖據理力爭，卻只換來詐騙莊家一句：「這就是個遊戲，這就是人生。」

遊戲立刻結束，在場眾人迅速鳥獸散。我呆站在原地，懊惱到不知所措，像患有躁鬱症的動物在街上來回徘徊，雖然現在回想起來並不是多大的損失，但對於當時在異國省吃儉用的自己來說，那是能夠換來住宿或等值車票的金額啊！

　　此時，許久未聯繫的廣告圈友人黑輪傳了訊息給我：「要不要去找我的台灣好友Maja，她正在柏林工作，你們可以見面聊聊。」耿耿於懷也無濟於事，心想可以結識新朋友也是件好事，於是傍晚我們就約在麥當勞相會。

　　「嘿！我是Maja。黑輪說你被騙了心情很低落，要我帶你去吃大餐啦！他特別交代我要好好照顧你，我們想吃什麼都可以，他買單！」眼前的開朗女孩燦笑著。

　　我們去了間老字號的葡萄牙海鮮餐廳，邊享用美食邊談天。她立刻指出這是柏林著名的「猜小球」騙術，目標鎖定不熟悉當地狀況的遊客或外來者，以團伙方式進行，先前贏錢的路人其實都是吸引人落入圈套的暗樁，由於這類騙術已銷聲匿跡一陣子，知道竟然捲土重來後她也覺得新奇。

　　美食與談心，不僅滿足了胃也暖了心。友人黑輪的即時關心，讓身在異鄉的我感受到滿滿的安心，也讓我和Maja建立起新的友誼橋梁，讓我放下被騙後的糾結情緒。這個夜晚，即將入冬的柏林只有三度，但把酒言歡的友情卻暖得我一身「燒燙燙」的呀！

Maja與我。感謝老朋友和新朋友的關懷。

Chapter 15

於童話之城追尋自由，
成為那個你想成就的自己

捷克
CZECH REPUBLIC

每個城市都有自己的故事，
我們旅行者會收集它們，然後創造出新的故事。

布拉格是人們心目中的浪漫聖地，而且她還有個千堡之國捷克首都的榮耀身分。前身是波西米亞王都，城堡群佔地約有七萬平方公尺，也是世界上第一個整座城市被指定為世界遺產的地方。伏爾塔瓦河畔放眼望去，查理大橋和一座座的橋墩綿延不絕，宛如以寫實筆法描繪出幻想繪本裡的世界，記錄了曾經的歲月痕跡，銜接起每段時期的興盛。

身為歐洲之心的布拉格，這顆據有一席之地的樞紐心臟，除了地理位置帶來與生俱來的優勢外，也是政治權勢、經濟、文化的核心發源地。因為在二戰時未遭受到任何破壞，現今人們可在此欣賞到各時期風格的建築和古蹟，

尤以巴洛克和哥德式為多。走在石板道巷弄間、仰望紅磚黃瓦的塔屋，就像
走進一本生動非凡的城市建築百科。

　　布拉格也被自家人稱為「Land of Stories」，富含各種故事傳說，因此不難
想像許多人會將此視為拍婚紗或蜜月的勝地，在瀰漫浪漫韻味的環境氛圍渲
染下，和牽手的另一半立下誓言。傳說捷克部落公主嫁給了身分懸殊的農
夫，建立了普熱米斯爾王朝，王朝曾經統治波西米亞王國、波蘭、匈牙利等
部分領土。當時公主說了許多被考古學家證實的預言，其中一個即是她預言
布拉格的繁華榮耀，世界也將會頌揚她，造訪此地的人們也將會得到祝福。
無論真假，這集結藝術精華，將古典風情和現代繁榮凝聚於一身的城市，確

尼采說:「當我想以一個詞來表達神祕時,我只想到了布拉格。」

實已深深吸引世人的目光。

　　抵達時已是暮色低垂,我查了地圖,距離旅社還有四、五公里,便背著厚重的行囊,穿越歌劇院、熱鬧的古城區。查理大橋是聯接老城與布拉格城堡的重要道路,橋上不少街頭藝人和旅客穿梭其中。燈火輝煌的大橋上,人手一杯黑啤,正悠哉地享受夜景,暢飲也暢談人生。

給自己一個理由,追逐自己想要的生活

　　大文學家卡夫卡生於布拉格、於此創作,他曾說過「布拉格是不可動搖的,她內心的矛盾與糾紛也不能影響她」、「我的一生都被困在這小圈圈中」。

伏爾塔瓦河天鵝群、鴨群、水獺悠遊自在地生活著。

　　走進黃金巷,小巧樸實的二十二號藍色小屋,安靜地待在巷弄一角,這曾是卡夫卡居住之處。身為二十世紀最具影響力的文豪之一,瘋狂不羈的文字創作,來自對生活現實的抑鬱寡歡。生計與興趣的平衡和拉扯、家人間的衝突,似乎也都在他的一生中找尋到端倪,但也因為對文學的執著信念,造就他天馬行空且細膩的文學造詣。

　　喜歡,就堅持下去。堅持,是變成不平凡的第一步。

　　漫步在石板道上,想著自己也是於辦公桌前汲汲營營地為生計奮鬥著,期盼有天可以突破這樣的框架,為自己找尋想要的生活目標和價值。或許不少人都懷著這樣的憧憬,來到了童話之城布拉格。我在下塌的青年旅社遇上了幾位來自台灣的友人,也正為自己的旅程堅持著。

　　「與其繼續庸庸碌碌地過生活,我想重新找回對生活的感動。」昆西說道。

　　原本是護理師的他，辭掉醫院繁忙的工作。既使薪水優渥，但生活只剩兩點一線，每日往返醫院及家中。超長的工時、偶而還要面對不理性的家屬或病患，每天回家就疲倦到倒頭就睡，這樣日復一日無止盡的循環，讓他決定來個GAP YEAR，重新檢視自己，找回對生活的熱情和初衷。

　　他不希望人生陷入為生計而活的無限循環，因此決定放手一搏，嘗試追尋喜歡的事。熱愛攝影的他，就這樣隨走隨記錄，開啟了這趟旅程。等到走出家鄉，才知道原來世界如此寬廣，開拓了視野，也打開心界。會來到布拉格，也是想來親眼目睹這座夢想的童趣古城。

景點區能看到很多街頭藝人，努力表演為今日的付出爭取更多回報。

廣場上一大串繽紛泡泡。旅客們踏著輕快的腳步，雙手敞開迎向泡泡。

「而且這城市人才輩出，愛因斯坦也居住過耶，當然要來感受一下啊！」

走過一個又一個國度，經歷了不同的民族文化與生活意識，體會到行萬里路這句話的真正意涵。我想每個人都努力地在自己狹小的圈圈裡企圖改變、在生活的槓桿上找到平衡。過程或許很艱難，更有許多意外的阻饒，而且沒人能保證前方有些什麼，然而踟躕不前，又會錯失那片可能存在的秘境。不管是卡夫卡還是我們，都在參透既要生存也要生活的道理，並堅持追尋自己的喜好，持之以恆地去實踐。

昆西表示回台灣後，想去南部慢活。買個小房子，在當地找工作。或許薪水比北部差，但錢夠用就好，想重新在工作中感受生活，把多一點時間留給喜歡的事物。或許，就如同卡夫卡曾在日記中寫下：「我頭腦中裝著龐大的

捷克物價便宜，豬腳、黑啤酒、煙囪捲都讓
人食指大動呀！

世界。可是如何既解放我並解放它,而又不使它撕裂呢。我寧可讓它撕裂,也不願將它抑止或埋葬在心底。」生活,是抉擇,也是我們自己的選擇。

真理之橋查理大橋、嬉皮自由藍儂牆

「你們的國家在我們危難時幫助過我們,我想讓你們知道,我們也支持你們。所以保持堅強,照顧好自己,布拉格與你們同在。」

這是布拉格市長在這波全球艱辛險峻的疫情期間,給台灣人的打氣加油。除了近年布拉格和台北市締結為姊妹市外,患難見真情的援助也加深兩國間的羈絆。捷克從反共主義一路走向民主之路,更能設身處地地惺惺相惜。

捷克堅毅不拔、勇於追求的民族特性,從古至今就表露無遺。布拉格老城區的藍儂牆上滿滿的塗鴉,就述說著這一切。一層又一層覆蓋的創造,表達出「愛與和平」、「追求自由民主、反戰」等訊息,原本僅是青少年無聲地抗議共產主義勢力,卻成為一種言論自由的精神表徵。現場有塗鴉者正在創作,一旁還有街頭藝人在演唱披頭四的歌曲。一片祥和的背後,是用生命嘶吼爭取而來的民主寶藏。而藍儂牆的自由精神,也在世界各地遍地開花,不

布拉格黃金巷弄中,二十二號小屋是卡夫卡撰寫《變形記》時的家。

自由的象徵——藍儂牆,塗鴉不重複不限制,成為重要歷史遺跡及觀光景點。

分人種、不分國界。香港雨傘運動
的便利貼牆，也是同樣思維的如法
炮製。自發性的創作和參與，透過
一面牆凝聚人民的心聲，也算是用
藝術表達的溫柔抗爭吧。

　　鄰近的查理大橋，是人們祈福許
願的重要地點。橋墩上三十座的雕
像，都有自己的故事，其中最受人
們關注的就是聖約翰。當時國王懷
疑皇后另有地下情人，逼迫他透露
告解內容，但聖約翰為了真理信仰
不願吐露，因而被國王割舌後從大
橋上丟入伏爾塔瓦河中。不違背信
念的意志，也讓人們相信觸摸他的

像會讓願望成真，因此雕像基座上的浮雕也被摸到金光閃閃的。據說有調皮
的年輕人為了混淆視聽，改摸浮雕上的狗，所以忠誠的狗也變得亮晶晶的，
流傳出摸小狗能得到好運的傳聞。

　　城市就像一章章供人閱覽的故事，除了童趣夢想外，布拉格也因為歷史背
景增添了堅毅韌性，Land of Stories之名，當之無愧啊！我在大橋橋墩旁靜靜
坐著，看著海鷗在粉紫色的夕陽天空中自由翱翔，天鵝群悠悠拂水而過，水
獺不時探出頭和人們打招呼。不禁回想起自己第一天踏上旅程的懵懂，但那
是不願隨波逐流，毫不畏懼地跨出框架、追求更好自己的決定。勇氣，似乎
在沉浸於布拉格的氛圍時，也悄悄地油然而生。童話故事的美好結局，是可
以靠自己掌握、創造的。

　　總會找到一種方法，當你真心想完成一件事的時候。

Chapter 16

歡迎光臨，
這裡是沒有袋鼠的藝文國度

奧地利
AUSTRIA

如果我們以「精緻的工藝品」來形容一個城市，
那麼自然與人文無疑是齊心協力催生她的巧匠。

聖誕點燈儀式，氣勢磅礴的樂隊演奏。

Austria

　　Austria和Australia，不論發音和拼字都相似，不只台灣人，外國人也經常搞混，這邊的紀念品還會幽默地印著「奧地利沒有袋鼠」。據說每年搞混奧地利和澳洲的郵件數量也是不計其數。我搭著巴士抵達薩爾斯堡，尋訪莫扎特浪漫樂章的起點，順便走訪世外桃源的美麗小鎮。奧地利匯聚歐洲地靈人傑，除了舉世聞名的音樂家、華麗巴洛克式建築與城堡，洋溢著濃厚的文藝氣息外，更有壯闊的阿爾卑斯山等恬謐的湖光山色，說她是最有氣質的國

聖誕節是家人相聚的好時光。

家，絕對實至名歸。

　在聖誕節前夕造訪，首次感受到國外聖誕市集的熱鬧。抵達當晚，正好遇上聖誕樹點燈儀式，身穿傳統華服的樂隊，讓市集響徹迷人的旋律。現場點綴著雪球花環及閃爍的小燈泡，好喝又暖身的熱紅酒和煎烤得滋滋作響的烤腸以及可愛的薑餅屋，形形色色的攤販，為市集營造出更加溫馨又喧騰的節慶氣氛。

　一杯熱紅酒讓空氣中瀰漫著薑的香氣，讓身體都暖起來了。和同桌的奧地利友人閒聊起薑餅人，我提及台灣大多只用於裝飾，他很驚訝，因為早期薑可是一種昂貴的食材，只有富裕人家或是節慶時才會吃到，是一種高級香料。英國女王還曾命大廚把薑餅做成人型，後來「薑餅人先生」流傳到坊間，開始被爭相模仿，最後形成只要未婚女子吃下，就能早日找到好對象的浪漫傳說。這也讓我決定，今後每年聖誕節，我要把薑餅人給全部吃光！

世界最美麗的湖濱小鎮

　之後我搭乘大眾交通工具，前往號稱是全世界最美湖濱小鎮的哈斯塔特，會如此遠近馳名，除了在一九七七年被登錄為世界遺產外，奧地利的觀光宣傳也不時出現她的蹤影。如童話世界般的阿爾卑斯山小鎮，依山傍湖，尖聳的教堂與綠茵山嶺相輝映，春夏綠意盎然、秋冬白雪靄靄，優雅的天鵝滑過湖面，掀起漣漪。如此夢幻的景緻，搭配週邊滑雪勝地等景點，構成了吸引人流的絕佳方程式。

　小鎮湖畔區內的住宿非常昂貴，旺季時更是一室難求，我只好選擇住在外圍距離約十公里處的巴特戈伊瑟恩。為了省車錢，我決定徒步入鎮。地圖上的直線距離僅四公里，但由於山路蜿蜒，路程幾乎變成兩倍。沿途景色宛如

木屋尖聳的倒V是為了防止冬天積雪，鎮中心的基督教路德教堂像極了城堡。

繪畫，一幢幢木屋佇立在無邊無際的草原上。家家戶戶幾乎都豢養著馬匹和牛隻，居民在自家庭院享用晨間咖啡、修剪盆栽及劈柴生火，是路上常見的愜意情景。

沿途走走停停拍照，隨便一個湖泊配上遠方撒著白雪的山頭，都能成為讓人驚豔的構圖。天氣寒冷，行動相對緩慢，就在我感覺自己還走不到一半路程，正打開手機要確認路線時，一輛警車在我身邊停下來。

「嗨，需要幫忙嗎？你怎麼一個人獨自在公路上？要去哪裡？」

「我正在往哈斯塔特的路上。」

「很遠欸！上車，我載你一程吧。」

我就這麼被拎著上車了。萬萬沒想到在歐洲第一次搭便車，竟然會是警車啊！在快到目的地時路經一個隧道，警察貼心地提醒說：「回程時不能用走的喔！這個隧道只給車走，你回程要乖乖搭車知道嗎？不然很危險。」

抵達時，他帥氣地和我道別，並祝我在奧地利旅途平安。這大概也是我喜歡自由行的理由之一，你永遠不知道下一秒會遇上什麼樣的驚喜及萍水相逢

明信片指定拍照景點。

沿著牆面生長的壁貼樹。居民將樹枝沿著牆面綁著，讓樹配合屋子的結構生長，形成一種生態共生設計。

的緣分，應放下設限，去擁抱各種可能性。旅行就像是塊大拼圖，在與人互動的過程中找尋互補的那一塊，讓自己更加充實。來歐洲前，許多朋友都說歐洲人相對冷漠，但實際上，我仍然遇到不少暖心給予關懷的人呢！

　　走進被群山環繞的哈斯塔特，沿途不乏慕名而來的團客，尤以亞洲人居多，大都是為了一睹「世界之最」的風采。曾經有位中國商人因為太喜歡這裡，斥資了近八億歐元，將整個城鎮在惠州重現，由於複製的是世界文化遺產，當時還引起海內外媒體關注。隔年，來訪的中國遊客湧入了這個小鎮，如台北山城寶藏巖般，不曉得這裡的居民是否真願意犧牲清閒的環境，換取觀光帶來的利益？冬季的小鎮人煙稀少，顯現出遺世獨立的空靈氣息，裊裊山嵐及湖光倒影也呈現了她的柔性。這個擁有層層疊疊木造房的小鎮不大，卻值得花時間細細品味。登高走上層層階梯，從各個角度捕捉湖光山色也是不錯的選擇。這時我突然想起家鄉的日月潭，其景觀氣質與精緻度可是完全不輸國外風光呢。

在音樂之都撞見臉紅心跳的Live Show

　　音樂之都維也納，絕對是奧地利不容錯過的浪漫城市。老舊風情的咖啡館和小酒館、國際知名的博物館與畫廊，讓不少藝術家在此駐留學習。聖誕節期間，夜晚還有建築光影秀，不少人就悠閒地躺在廣場上邊小酌邊觀賞。

　　這次入住的是離中央車站較近的青旅。啟程後，我住過各式各樣的青年旅館。除了相對便宜外，重點是在一個人的旅程中，回到據點還可以和主人、室友分享旅途趣事，也交換彼此的旅遊密技和走訪路線，若幸運遇上志同道合的夥伴，還可一起結伴同行。

　　宿舍房多以上下鋪為主，也有膠囊獨立空間的類型，通常混住或塞進越多床位的房間價位也會相對便宜。由於大家生活習慣不同，有人早早就寢、有人徹夜狂歡，我的原則就是休息時不吵鬧、起床時輕聲細語。但偶而還是會

遇上我行我素的失序室友。

　維也納的這一夜，就是個不平靜的夜晚。入住時就看到房內不少外國情侶相擁、親熱撫摸。由於國外背包客大多隨性開放，穿著清涼甚至裸上身早已見怪不怪，有些感情甚好的情侶，還會在同一張單人床上摟抱共眠。每次看見都會讓我心想「床這麼狹小，不擠嗎？」但直到今夜，我才發現自己真是見識淺薄。青旅的奇聞軼事，一山還比一山高、一海更比一海深啊！

　凌晨四點，腦海中隱約浮現咿咿喔喔的聲音，意識迷濛的我還以為自己做了十八禁的夢。睡眼惺忪地找尋聲音來源，才發現隔壁上鋪正在激烈地床

百水公寓是奧地利藝術家以自然概念設計的房子，曾形容房子如同他的靈魂。水是萬物之源，在他的作品裡，常常可以看見流線的造型。

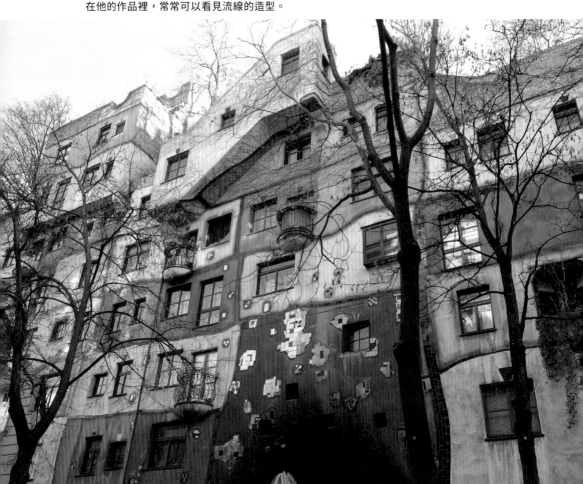

國會大廈掛著反愛滋的紅絲帶。

戰，房內迴盪著女孩的呻吟，聽得我臉紅心跳。我悄悄環顧四周，其他十多位室友不曉得是裝睡還是真的睡死了，一點反應也沒有。

「Excuse Me。」位在他們下鋪的韓國女孩，略帶尷尬地對著上頭輕聲呼喚。但上鋪戰的激烈，根本沒打算理她，讓她看來甚是煩惱。就這樣叫了兩三次都徒勞而功，哀莫大於心死的她也默默放棄了。

隔日，告知台灣好友此事，他打趣地說：「你應該直接打開燈，叫大家趕快起床，欣賞這場LIVE春宮秀啊，看他們以後還敢不敢！」畢竟禮貌這件事，是建構在對彼此的尊重之上，如果真想兩人世界，還是去住雙人房吧！

早上看到他們仍若無其事的樣子，我想，一切只能歸罪於維也納太浪漫了。她無形地奏起了浪漫的音符及樂章，讓情侶深陷愛戀慾火中，無法自拔了吧。

Chapter 17

抽硬幣遊戲的實踐，
領帶發源地觸動心弦的祕密

克羅埃西亞
CROATIA

決定目的地，有時只需要一個偶然的想法，
那可能成為引領我們發現新事物的契機。

Croatia

　　各位曾用轉地球儀，或是射飛鏢的方式來決定下個旅行的國家嗎？多年前聚在朋友家吃火鍋看金曲獎時，旅居歐洲一段時間的朋友興致一來，拿出東南歐的國家硬幣讓我們抽，說好抽到哪個國家，未來就要飛一趟。當時還是旅遊菜鳥的我，抽到的就是克羅埃西亞。

　　克羅埃西亞位於東南歐交接處，緊鄰著翠碧色的亞德里亞海，得天獨厚的地中海氣候，孕育出豐富的自然資源和絕美海岸線。島嶼像一顆顆黑白棋，輝映國徽上紅白格子交織的棋盤圖。經歷過各時期的佔領征服，演化出多種建築藝術風格。在古老的中世紀城堡要塞的街道上漫步，似乎下個轉角就會

札格瑞布位在海拔一百二十二公尺的小山丘上，山頂處可一覽城市美景。

聖馬可教堂。像樂高的圖騰分別是克羅埃西亞王國和札格瑞布的徽章。

遇見勇悍的騎士。

　　當時對克羅埃西亞還一知半解，僅知道是著名影集《冰與火之歌：權力遊戲》的拍攝地之一。結束在維也納的行程，下一站想也沒想就買了車票前往，三個半小時的車程即可抵達首都札格瑞布。札格瑞布並非旅遊熱門地，反而被當成中繼站居多，大多數人僅留個半天就匆匆離去。但因為我什麼沒有，就是時間最多，才有機會好好探索這個小巧精緻的城市。讓計畫上留下一處空白，邊追尋邊填補，也是旅行的樂趣。

六十五歲老畫家告訴我的事

　　札格瑞布身處樞紐位置，從古羅馬時期承襲至今的的懷舊古城氛圍，散發出獨特的風情。市區不大，景點也很集中，從廣場一路輕鬆漫步到山丘上的上城區，還能眺望整座城市。

市區夢幻溜冰場，孩子們的遊戲天堂。

　　從上城區俯瞰，一眼望去就是整片的磚紅小屋和雙塔尖聳的主教堂。綿綿的雲朵鋪滿漸層色的藍天，就像是來到童趣王國。紅白相間的國徽色調，代表著真誠和浪漫的熱情。著名的地標洛特爾薩克塔緊鄰著山丘峭壁，高聳適合瞭望，早期興建的目的是為了嚇阻外力侵犯，隨著時代演進，也扮演著不同的功能。塔內有座大鐘，城門關閉時就會同步敲響，所以又稱為警盜之鐘。爾後又架設大砲，在正午時刻鳴炮，供居民校時使用，和城鎮的生活息息相關。

　　上城區還有個遠近馳名的失戀博物館，每個展示的物品都被記錄下自身的故事。博物館的告示是這麼說的。「讓這些物品不被丟棄，而是用新的角度讓故事被看見、被傳遞，賦予溫度來創造新的意義。」從過去到現在，克羅埃西亞在各種層面體現了深度優美的愛，並且用多元形式傳頌著。就像身為領帶發源地之國，也是來自浪漫的意外。早期軍人出征前，妻子或女友都會

為其繫上紅領巾，表達平安歸來的期盼，也以此作為愛情信物，後來被法國人發揚光大，成為引領風潮的時尚配件。

在舊城區閒晃時，我被一位老畫家吸引住了。叼著菸的他正專注描繪著馬匹，細細著墨，讓站在後方的我看得出神。他和我攀談，得知我正在走一趟夢想冒險旅程。

「可以做自己喜歡的事，而且一直堅持下去，是一件非常不簡單且幸福的事呢。」

「就像你喜歡到處旅行，用照片記錄走過的足跡一樣。畫筆，就是我的相機。」

老畫家的媽媽是位美術老師，打從孩提時期他就開始持筆創作，用繪圖來記錄自己喜歡的東西。奔馳的黑馬，疾馳不羈的模樣，就是他心之所向的自由。畫畫也是他用來追憶和母親相處時光的方式。六十五歲的他，早就可以在家享福，但他依舊每天來廣場畫畫，只因為想繼續做自己喜歡且擅長的事。很單純的理由，很純粹的心態。

「你還年輕，有大把時間可以好好探索，好好享受你的旅行，也好好堅持下去喔！」

短暫的人生，如果可以找到自己的喜好，還能在工作中實踐它，是非常難得的一件事。平凡的事，持之以恆就會變成不凡。勇氣和堅持，都來自於一點一滴的累積。

中央市場是當地居民採買生鮮蔬果的據點，亦販售著鮮花、紀念品，又被稱為首都的肚臍。

領略四季之美的碧綠寶石

克羅埃西亞有個國內最大、也是東南歐歷史最悠久的國家公園，名為普利特維采湖群國家公園，因為境內主要有十六個湖泊，因此又稱十六湖國家公園，甚至還有「歐洲九寨溝」的美稱，也是這個國家我最喜歡的景點之一。一九七九年被聯合國教科文組織列入世界遺產，擁有獨特的喀斯特地形。

境內因為不同的高度落差，形成了無數的天然瀑布，也因為四季分明，景觀會隨著峽谷、瀑布、湖泊呈現不同的樣貌。水深、高低落差、藻類礦物質含量，甚至光線折射，都讓每座湖泊表現出不同的面貌。四季都很值得一訪，夢幻的景色也讓人流連忘返。上、下湖區都可以搭船或園內巴士抵達，但由於冬天湖面結冰，到訪時才從服務人員那裡得知上湖區已關閉。

札格瑞布街景與層層棉花雲朵，城牆上的時鐘指引著過去的歷史。

　　來到下湖區最頂端，俯瞰著層層流動的瀑布，就像白絲綢點綴著周遭的山林。沿途人煙稀少，清幽小徑只留下我的足跡。水清澈到直見湖底，讓我不禁偷嚐了一口略帶甘甜的山泉。遠端之字形的小徑蔓延在整個山頭，架在碧綠湖面上的木橋，形成最著名的S型木棧道，帶領我近距離聆聽流水聲並觀賞湖中優游的魚和鴨子。在步道尾端等待渡船領我們回岸邊，寧靜的湖面更顯空靈之美，如詩歌詠讚的瑰麗美景深深印入眼簾，讓人期待在不同時節再次來訪。

畫家的筆下世界。

　　回程時，和其他自行前來的遊客在公車站牌等車回首都，由於夜幕低垂，氣溫急遽下降，一度還因為太冷而飄下了霜，然而車遲遲不來，我們一群人猛跺著腳取暖，畫面像極了集體跳Hip Hop。而白天在售票處遇見的撒嬌小貓，此時竟跑過來蹲在我的腳邊，後來甚至還讓我抱著取暖，在揮別十六湖之前，獲得了一個暖心又美好的片刻。

　　希望未來在季節更迭之際，還能再來細細品味這個美不勝收，讓人驚嘆不已的國家公園。

仙境湖泊，層層的翠綠瀑布於山林間流動。

Chapter 18

於多瑙河畔閃耀的金色城市

匈牙利

HUNGARY

遙想過往，當旅人先進們尋得暫時歇息的避風港時，
內心的感受之深，想必是現今的我們難以想像的吧。

　　布達佩斯，多瑙河上的一顆璀璨的寶石，她是匈牙利的首都，過往奧匈帝國的輝煌，也能在這座城市建築的富麗堂皇與宏偉氣派中窺知一二。

　　近兩百年前，分隔兩岸的布達和佩斯合而為一，但往返兩個區域仍要橫跨多瑙河。春夏須搭渡輪，還得看當日天氣狀況及船伕意願，秋冬則要等待河面結冰，往往得耗上一段時間。當時著名的政治家賽切尼伯爵，就因為苦等一個星期，錯過摯愛父親的喪禮。因此他成立基金會，投入資金招兵買馬，

終於打造出第一座連結兩個城市的橋梁，成為現今布達佩斯最古老、也最著名的賽切尼鏈橋。

初抵達之際，就被在黑暗中閃耀的城市景觀給吸引住了。從布達城堡一眼望向鏈橋彼端，燈火通明，國會大廈及舊式古建築染上古銅色的光輝，耀眼卻不刺眼，就像匈牙利本身，雖然不像其他歐洲大國那樣名聲響亮，仍不減鋒芒。這是個越夜越美麗的燦爛城市，映照著鏈橋顆顆分明的千盞燈光，讓人不禁讚賞她的古典精緻美感。

身邊人的鼓勵，變成一路往前的動力

「勇敢的圓夢女孩終於來了，出發七個月，自亞洲越過中亞再來到歐洲，來到我們的家。在國際車站看到那東張西望、揹著超重背包的小小女孩，我是真心佩服你。溫蒂，你的勇敢、你的實踐、你的毅力，都值得你在旅程中獲得所有的平安、順利和幸運。希望在你充滿挑戰、漫長的旅程中，我們的家能夠讓你稍獲休息，為接下來更美好的旅行充電！加油，溫蒂。」

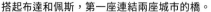
搭起布達和佩斯，第一座連結兩座城市的橋。

鄰近布達佩斯的小鎮聖坦德，是蔡依林《馬德里不思議》MV的實際拍攝地。

孟姊，豪爽海派的獅子座、帶人帶心的好主管。雖然不同部門，但總聽到同事們對她讚不絕口，能力強不藏私，也能自然地和下屬玩在一起，是我心目中的好榜樣。進入歐洲後，孟姊一直提醒我到了匈牙利一定要和她碰面。從克羅埃西亞搭了六小時的巴士，終於在國際車站聽到她呼喚我的名字，瞬間覺得熟悉又感動。

「匈牙利人外冷內熱，起初面無表情會讓你覺得很冷漠，熟了之後才發現其實很親切和藹。」

「這裡的人開車又快又猛，過馬路時我常常不確定要不要停下來。但因為歐洲重視行人路權，駕駛看到斑馬線和行人絕對還是會禮讓，但誰想拿生命當賭注呀！」

「布達佩斯有號稱世界最美的咖啡廳和麥當勞喔，更是頂級鵝肝醬生產大國。」

俯瞰不同時間點的布達佩斯，據說建築高度都不得高於國會大廈。

她如數家珍地為我介紹當地的狀況。由於孟姊的先生外派，她在布達佩斯已生活一段時間了，聽了她的分享，我開始期待探索這個城市。長途旅行由於不像短程可以隨身攜帶旅遊書，或特地於事前收集大量資訊，我漸漸習慣透過背包客或當地人分享所見所聞，自己再稍稍做點功課，其餘的就直接去到當地探險，有時還能因此發現一些意外的私房景點呢！

借住在孟姊家，像是在漂泊中遇上了暫時休憩的避風港。用熟悉的母語聊天，就像回到家一般。怕我先前都沒有好好吃飯，孟姊還特地做了我最愛的香菇肉燥飯，讓我嚐嚐家鄉味。簡單的飯菜配上台灣綜藝節目，我們小酌貴腐酒，聊著一路上酸甜苦辣的回憶。慶幸途中思鄉病沒有作祟，或許是因為不論老朋友或新朋友都在鼓勵我，一路走來滿載溫暖的緣故吧。

某位朋友曾笑著說：「你在世界各地都有個家，總有個人在某個城市等待你。」

現在回想起來，才徹底感受到這句話的背後，到底蘊藏著多少的溫暖與愛，令我更加珍惜自己所擁有的一切。

不可錯過的百年市集及百年餐廳

想了解一個國家，必然要從品嚐美食開始。要尋找美食，自然得從市場起始。每個國家的市場，就像當地人廚房的祕密後花園，藏著最道地的配方、最在地的食材。布達佩斯有個擁有百年歷史的中央市集，外觀為哥德式建築，搭配透明彩色玻璃窗花，是最古老、最廣闊的室內市集，乍看之下還以為是博物館或教堂呢！

除了生鮮蔬果和五花八門的香料外，還有新鮮美味的臘腸、鵝肝醬和貴腐酒等，應有盡有。貴腐酒是頂級的白葡萄酒，味道甜美。貴腐之名，來自葡萄因為貴腐菌菌絲讓表皮產生破口，長時間風乾後，葡萄逐漸乾縮成腐狀。

這段獨特過程需要極為耗時費工的照料,才能釀製出精緻高甜度的貴腐酒,產地又以匈牙利的名氣最響亮,所以才有甜酒之王的美稱。加上適合搭配自家產的鵝肝醬,自然被視為高貴不貴的絕佳伴手禮。

二樓不乏道地美食小攤和伴手禮,要空腹空手來,才能沒有遺憾地滿載而歸。遠近馳名的匈牙利牛肉湯是遊牧民族時期留下的傳統佳餚,畫龍點睛的紅辣椒粉帶點微辛香味,十分開胃,是一道不論餐廳還是家庭都很常見的國民菜。還有匈牙利版的炸彈蔥油餅「蘭戈斯」,簡單的麵糰油炸後撒上奶酪,就成為經典美味,各種花式版本還能任君挑選配料,鹹甜皆可,一份就能飽足一整天,是當地速食的好選擇。

而擁有百年歷史的小杜鵑餐廳是孟姊的最愛,精緻的古典裝潢呈現老時代的氛圍,加上對食材與口味的用心,這間家喻戶曉的餐廳獲得各大美食平台的絕佳評比,更被媲美為超越米其林等級。享用完烤鵝腿大餐後,即便肚皮都凸了出來,但孟姊提起要去下一攤時,美食的誘惑又讓我的胃提振起精神。這座城市的魅力不僅在於人文風景,還有讓人流連忘返、觸動靈魂的美食啊!

想當個饕客,往中央市集走就對了。

宛如宮殿般的賽切尼溫泉，大叔們的泡湯社交文化

「溫蒂，要不要去泡湯？布達佩斯這邊可是遍地溫泉喔。」

泡湯可不是日本專屬，很多人都不曉得匈牙利也是世界屈指可數的溫泉大國。從羅馬文化承襲下來的傳統，讓浴場成為匈牙利人日常社交的重要場所。猶如地下石油的珍貴寶藏遍布在國土下，佔了將近三分之二的範圍，光是布達佩斯就有多達一百二十多處的溫泉浴所。

許多大眾澡堂多為歷史古蹟改建，其中以鄰近英雄廣場、擁有百年歷史的賽切尼溫泉最負盛名，是歐洲最大、最古老的宮廷浴場。命名同樣來自塞切尼伯爵。巴洛克式羅馬風格、鵝黃色的宮廷樣貌，在藍天白雲底下更顯氣勢非凡。室內外共二十一個浴池，有各種溫度的冷熱水池、按摩浴、藥浴、啤酒桑拿蒸汽室等，泡上一整天絕對不是問題，難怪會深受當地人與外國旅客的喜愛。不同於亞洲泡湯文化，這裡的氣氛更偏向社交娛樂。每周六在夜晚十點半後，還加碼推出「Sparty Time」，顧名思義就是SPA＋PARTY，夜店溫泉派對！

彷彿穿越時空回到風華正茂的羅馬浴場。

布達佩斯的時間流轉。

　　除了觀光客，泡湯的多是銀髮族長輩。他們在池畔旁認真下著西洋棋的模樣，才更是一大奇景，不禁讓人懷疑這是否是浴場的宣傳手法。

　　待了將近一星期，這座城市從未讓我意興闌珊，不同時間的獨特樣貌扣人心弦，加上孟姊的照料也把自己補到電力全滿的狀態，也在手洗七個月的衣物後，再次體驗到科技（洗衣機）帶來的便利與美好。

　　即將離開的早晨，我們於早餐時再度舉杯，敬這趟冒險。擔心我路上吃不飽穿不暖，她還硬是塞了罐頭乾糧和羽絨外套給我。能遇到這樣亦師亦友的

人，真的滿懷感謝。總是有些人，會在人生故事裡毫不吝嗇、不著痕跡地為我寫上這閃亮的一筆。

再次啟程的這一天，我元氣滿滿地準備前往下一站，而布達佩斯也下了第一場雪，像是祝福似地跟我暫別。

「在布達佩斯的初雪之日，環遊世界的小女孩又出發了，揹起沉重的行囊，朝冰雪之國邁進了。好好帶著所有人的祝福，完成你美妙且豐富的旅程吧！」

浴場外的城市公園，秋冬季惆悵的優美色調。

Chapter 19

橫渡冰原
五百公里的恩惠

冰島
ICELAND

際遇就是如此巧妙，
總會在適當的時機出現幫助我們跨越阻礙的人。

　　每年九月到四月是追逐冰島極光的最佳季節，這種美妙的光芒，在北歐氣候多變的環境中，還得需要天時地利人和，可遇不可求。

　　因應北歐的高物價，我提前採購米、義大利麵和罐頭乾糧，行囊瞬間暴增到二十三公斤，再加上七公斤的前背包，要扛起這些，靠的就是節儉求溫飽的意志力。在冰島這個國度，匯聚了極光、藍冰洞、黑教堂、冰河湖、火山湧泉等豐富的自然景觀，據説不少冰島人深信瑰麗奇特的資源是神的賜予，環顧這裡美不勝收的風景，就覺得這個想法不無道理。

一望無際的公路之旅。

有著花輪瀏海的英俊少年郎冰島馬。

首都的豪華百萬級夜景，冰雪天地的童話城堡。

小精靈與冰島人

位處北大西洋與北冰洋交界的冰島，擁有獨特的神祕美感，也流傳著各種神話和傳說。冰島人認為他們並非是唯一擁有小精靈的國家，只是生活更接近它們。冰島語中的小精靈「Huldufólk」指的是隱身的人，除了紀念品店常會看到它們的蹤影外，公路也不時能看見寫著「小心精靈出沒！」的路標。如果你在幅員寬廣的草原上看見被石頭圍著的巨石或彩色小屋，那些可都是代表此地有精靈出沒喔。

據說有次政府要修建公路，但傳聞路徑上剛好有精靈的家，引發居民及環保團體抗議，於是決定繞道。冰島民宅中如有特殊模樣的石頭，多半會被保留，如不得已要進行整修的話，也會先請示小精靈。這有點像台灣在動土或蓋房子前祭拜地基主的習俗，只是小精靈戴長帽尖耳朵的形象多了點可愛俏皮。與其說是迷信，不如說這是冰島人對於這片土地的敬仰和尊重。

除了小精靈外，造訪這裡的人們也希望一睹極光女神歐若拉的風采。而這次的尋覓極光之旅，也印證了和女神相會是十分講究緣分的。由於冰島大眾交通工具便利性較低，冬天時公車班次極少，多數來旅遊的人都會選擇租車或跟團。我幸運地在旅館遇見台灣夥伴，之後便決定租三天的手排車一起共遊。

可愛的小精靈Huldufólk。

但莫非定律發動，我們連續奔波三個晚上都一無所獲，難怪旅人常說平常要多做好事燒好香，累積人品才能在冰島看到極光啊。

壯闊的冰石群景觀。

冰島歷險記之「翻滾吧！女孩」

　　我們終究沒看到極光，卻共同渡過了非常開心的時光。道別後，他們叮囑留下的我和Ian，務必要拍到極光和他們分享。當晚，我和Ian正煩惱接下來的行程該如何規劃時，在首都一家知名的羊肉熱狗堡攤販前，遇見了來自紐約的史蒂芬，知道我們無腳（指沒有車，無法移動的旅人），便熱情地邀約我們一同南下至鑽石海灘。

　　海灘距離約五百公里，車程五至六小時，沿途盡是雪白的世界。由於史蒂芬租的是手排車，我只有自排駕照，一路上只能靠他獨挑大梁。抵達目的地時已是中午，我們像發現新大陸似地奔向海灘，史蒂芬則一臉疲憊地去商店買黑咖啡提神。

　　鑽石海灘由大群冰石組成，一眼望去氣勢十分驚人，但因全球暖化，數量其實已大不如前，冰河高度也逐年萎縮。各種造型特殊的冰石在陽光下閃閃發光，融冰形成的冰河湖，如牛奶倒入湛藍的湖，混合出一種柔和的淡藍色，在這片雪白天地裡，更顯得寧靜優美。我們靜靜地散步、觸摸冰石，感受大自然偉大的工藝傑作。

　　由於回程還得再開五百公里，加上冬天路面結冰，視線不良時會比較危險，史蒂芬提醒要準備啟程。回程我們邊吃著補給品邊熱烈討論今天的行程。但聊著聊著瞌睡蟲上身，不知不覺就進入夢鄉。無意識間突然聽到「碰、碰」的巨大聲響，驚醒過來才發現車已失控、猛烈地撞上橋墩。

　　因為撞擊力道太強，我像是被丟進洗衣機那樣翻滾了兩三圈，內心只能祈禱老天爺快讓車子停下來。最後車子不偏不倚地卡在路邊斜坡的小告示牌那裡，幸好沒衝下橋墩。穩定下來後，我第一個反應是撐起身子關心同伴的狀況。確認都沒有大礙後，我想起電影裡車輛撞擊後導致漏油爆炸的情節，立刻搖下車窗準備爬出去。

　　「小心！我們還在斜坡上！」史帝芬大叫。由於橋墩下方是條小冰河，如

藍湖，採網路預約制，體驗零下和三十八度的雙重溫感。

果車子失去重心摔落冰河，後果可就更不堪設想了。

寒冬裡眾人的暖心，一場跨越五百公里的情義

　　意外來得太突然，原以為是路面結冰導致打滑失控，後來才知道是史蒂芬太過疲勞，一時打盹才出事。我們懊惱先前的輕率，但再多後悔也於事無補。雖然車子嚴重損傷，但至少人都平安無事。我們蹲坐在路旁等待救援，冬天的嚴寒此時更顯得冷酷無情。

　　警車在半小時後抵達，他們問我要不要去醫院檢查，但由於我的旅平險在來冰島前已經過期，保險公司又規定最多只能保半年，續保必須有回台入境資料。因為覺得不合理，過期時我也沒多加理會，直到現在真正需要保險時反而沒法使用，只好婉謝警察的提議。

　　「記得無論何時何地都要繫好安全帶，知道嗎？筆錄也好了，我要離開了。」

　　「咦？」我驚呼一聲，心想警察這時不是應該要帶我們一起走嗎。

　　「這邊有公車，但今天是周末，最後一班車已經走了，你們得等到明天了。」

　　「可以載我們一程嗎？」

　　「當然不行，我又不是你們的計程車司機。」他臉色凝重地拒絕我們。但是看我們一臉憂愁，又補上一句：「但我可以戴你們到附近的旅館。」

　　雖然損失慘重，而且租車時沒有保全險，但史帝芬叫我們不必擔心，他國內的保險可以處理。我們安撫彼此的心情，決定先好好睡一覺再想辦法。睡前我們給了彼此一個擁抱，放鬆緊繃的心情。這是這趟旅程中第一次發生如此驚險、危及生命的意外。

如珠寶盒般閃亮的哈爾帕音樂廳，蘊含冰島人對文化藝術的堅持。

　　隔日，像是神明和精靈暗中保佑般，旅館裡一對中國情侶聽了我們的遭遇後，二話不說立刻答應幫忙。雖然因為行程關係只能載我們到鄰近小鎮，但還是萬分感激。

　　在小鎮，我們查了巴士班次，依舊少的不得了，距離下一班發車還有四小時，單程就要七十歐。他們意興闌珊、沮喪地在休息站內等待，我獨自跑到公路上想碰碰運氣，豎起大拇指，期望能攔到好心人讓我們搭便車。

　　剛開始還有點害羞，但這種非常時期已經沒什麼好尷尬了。路過車輛咻咻咻地飛快經過，想看清楚車尾燈都難，我幫自己打氣，告訴自己再多試一台。有台貨車奔馳而過，心灰意冷的我正要放棄，車子突然在前方停下，並開始倒車。此刻我內心激動萬分，奔上前去說明狀況。駕駛聽了便開始清出後座空間，但他也感到疑惑，因為現場就我一人，卻聽見我一直說「我

們」。我迅速解釋並朝著休息站的夥伴大力揮手，內心也煩惱對方會不會因為人多拒載。但豪邁的冰島大哥暖心地叫我不必擔心，他會送我們回首都。

「我剛好要回去啦，這邊冬天很常出車禍。而且你們外國人對路況又不熟悉。」碰到這樣的機緣真是不可思議，我們不斷地向大哥道謝，他給了我一個溫暖的擁抱，並且幽默地說：「你剛好是對的人，站在對的位置，遇到了對的人和車！」

這次冰島驚魂記，除了理解到即使面臨困境，也要Stay Clam、Stay Focus，冷靜處理每個環節，也再次提醒自己對保險和行車安全不要鐵齒。警察、中國情侶、貨車司機接力式的溫情便車，為冬季的冰島帶來了一股暖流，種種回憶也成為滋養我人生的重要養分。

對了！或許真的是精靈施展了魔法。在離開的前一晚，我終於幸運地遇見變幻莫測的歐若拉女神，在冰島的夜空中舞動著。絲綢般的螢光翠綠光影，伴隨著北斗七星，優雅地展現曼妙的舞姿，深深地烙印在我的腦海中。

極光閃耀，看起來像是置身在浩瀚宇宙。

Chapter 20

迎向新年的
英國符號探索之旅

英國
UNITED KINGDOM

城市探索並沒有既定的標準，
找出符合喜好的標的，你會在過程中收穫更多驚喜。

「玩到哪了？要不要去倫敦一起過聖誕和跨年啊？」姊妹莉莉安說道。

　　世界前三大精采的跨年煙火舉辦地，澳洲雪梨歌劇院、紐約時代廣場、另一個就是英國倫敦眼。全球萬眾矚目的璀璨指標，每年都在泰晤士河畔精采演出，和來自各地的旅客共同揮別今年，並迎接新年的到來。

倫敦給人的印象似乎都是陰雨綿綿的天氣或飽讀詩書的神祕紳士等象徵，然而，其實她在許多地方都充滿活力。她是英國皇室主要駐點城市和生活中心，也是觀光、音樂影劇、時尚產業、商業貿易、藝術文學的重鎮。不少知名品牌、藝人都出身於此，遠近馳名的大英博物館更是世界上最知名、規模最大的綜合型博物館。包羅萬象、富含特殊氣質的倫敦深植人心，每年吸引成千上萬的旅客和商業人士造訪，也難怪倫敦機場總是人滿為患，境內的希斯洛國際機場更是全英國最忙碌、載客量最高的雙跑道聯外樞紐機場，登機時總是要預留兩倍以上的時間。

在聖誕夜抵達時，剛好遇上英國司機工會集體罷工。這一天原本班次就少，加上罷工，各種大眾交通工具幾乎全面提前停駛，也被喻為是二十年來影響最嚴重的罷工。

「倫敦人幾乎都見怪不怪了。如果是台灣，可能早被罵翻了。」

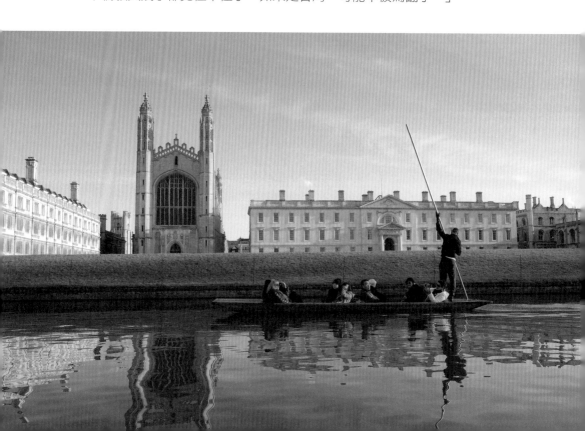

除倫敦外,學術與文藝氣息濃厚的劍橋也是不可錯過的好去處。

　　雖然造成極度不便,但多數英國人還是會將心比心地認為這是勞工爭取平等權益與安全勞動的必要行動,所以多半還是會給予支持和聲援,或是要求政府介入積極協商。

　　由於我深夜十一點才抵達,一度以為要在機場過夜了,畢竟搭Uber計程車進市區可是一筆不小的費用。好在老天爺眷顧,遇到一群馬來西亞旅客願意順道載我進市區。

出外靠朋友,四海皆姊妹,跨越九千八百公里來相會

　　這段期間的市區青旅大多都訂滿了,剩餘的不是費用超昂貴,就是位在外圍蛋白區。

　　「我和室友合租,但你可以打地鋪跟我們一起睡。過幾天我會去巴賽隆納跨年,到時鑰匙留給你。」高中姊妹黛西正在英國打工渡假,聽到我來倫敦,二話不說就邀請我去她家,還特地準備了茶葉蛋和雞肉丼飯,說要讓我嚐嚐熟悉的口味。

　　「我訂了AirBnB,過來一起住。而且我還把大家的祝福和補給品帶來囉!」

姊妹千里來相會，一起展開英國小旅行。

特地從台灣飛來的莉莉安，行李箱裡塞滿了家人及好友們的溫情禮物和打氣卡片，成了我今年最特別的聖誕禮物。

因為好姊妹們的支援，讓我在消費昂貴的英國有了落腳之處。吃著熟悉的茶葉蛋，我們也聊起了旅人在外的自炊文化。東南亞消費便宜，加上特色飲食多，多半會選擇外食，但歐洲所費不貲，為了節省預算多半會自行開伙，吃的健康也飽足。Free Food文化，也就是食物共享的理念因此誕生。主要是

將還可使用的食物或食材放到免費取用區，提供給需要的人，避免浪費。通常雞蛋、罐頭、調味湯包都是熱門商品，再加上青旅有時會供應的米麵，就足以變出佳餚。起初會有些不習慣，後來便理解到箇中意涵就是利人利己的共享思維，也是以美食會友，和萍水相逢的旅人結交的契機。

傍晚，我們熱了一壺水果紅酒，三人一起舉杯歡慶，在微醺中共度聖誕夜，長年陰雨綿綿、天氣濕冷的倫敦，似乎也因為我們的友情而加溫了。

穿梭倫敦街區，找尋城市裡的英國符號

古靈精怪的我們，決定在街頭找尋象徵英國的符號元素。舉凡英國紳士、哈利波特的九又四分之三月台、名偵探福爾摩斯、大笨鐘、倫敦眼都名列清單。在前往海德公園的路上，更巧遇皇家騎兵團換崗的交接儀式，光滑柔順的馬鬃隨風飄逸，騎兵們專注凜然的神情，配上金色透亮的頭盔和氣派的鮮紅披風，展現出無比威嚴。著名的紅色郵筒和電話亭當然更不能錯過，放棄網美姿勢，我們以逗趣的倒立姿勢向大不列顛帝國致敬。搞笑的舉動也引來路人好奇的側目。

適逢聖誕後的節禮日，街頭的天使燈墜、音樂、裝飾，充滿了節慶歡樂和搶購熱潮的氛圍。節禮日是國定假日，雇主會在聖誕節過後將禮物放入盒子

最著名的紅色郵筒、電話亭。街頭倒立，我就是要和別人不一樣。／高大的門房紳士地讓我勾著他的手，我還需要踮腳尖。

大英博物館和海德公園是我最喜歡的優閒去處。

送給雇員，是表達慰勞與感謝的節日。也有一說是為了救濟無家可歸或環境條件不好的人家，將自己多餘的物品放進去，再放在家門前供人自行取用。愛與分享的概念，延伸到現今成了普羅大眾皆知的購物日。商家會在這天給予超級優惠，只見人人手上大包小包的戰利品，闖入一級戰區的我們幾乎要被洶湧人潮給淹沒了。

此外，眾多充滿文藝氣息的博物館也是不可忽視的指標符號。英國博物館除部分特展外，幾乎都是免費或讓大眾自行樂捐入場，特別是大英博物館，更是樹立起將普羅大眾帶入知識殿堂的標竿風範。

我們就這樣一路尋找符號、一路體驗英倫風情，即便一整天走上十幾二十公里的路，卻還是充滿歡笑地持續前進。了解彼此個性，也願意適時配合體諒，保有自我空間外，也尊重不同的意願，能有這樣的旅伴，絕對是增進旅行樂趣的一大要因。

倫敦眼煙火絢爛美麗，迎接嶄新氣象

眾所期待的重頭戲——倫敦眼跨年活動，從下午開始就進行交通及人流管制，還不到晚上七點，街上已擠滿人潮。由於是重大盛事，跨年可是要購票入場的，每年大約會在十月於倫敦市官網公告售票訊息，往往一推出就立刻售罄。

觀賞區坐落在泰晤士河畔周遭，分成藍、紅、白、綠等區塊，票價約十英鎊，和倫敦的高物價水平相比，票價還算親民。由於採實名制，所以票是無法轉讓的，進場時會一一核對身分。取票時可分為海外寄送或是現場取票，由於英國人做事一板一眼也極度有效率，所以就甭擔心了！

越晚人潮越湧現，每個人都竭盡所能地墊腳，把視野拉高放遠，深怕錯過重要的瞬間。對矮個子的我來說，早已看破紅塵，只求見縫穿針找個縫隙。水也不敢多喝，深怕出去上個廁所，就再也回不去原本的位置了。據說還有專業神人會直接穿成人紙尿布來現場呢。

煙火的燦爛是一瞬間，記憶和感動卻永久常存。

一月一日，樂隊和表演團體一早就在街頭大肆歡慶，延續了跨年的喜慶氛圍。

　　時間一分一秒過去，音樂和燈光秀交織出驚豔的場面，大夥隨著動感歌曲邊唱邊律動。平時白天遠眺的城市景觀與倫敦眼，此時顯得更加閃耀動人。

　　「五、四、三、二、一，HAPPY NEW YEAR！」倒數的階段，大家的情緒也High到最高點。美不勝收的煙火在時間巨輪進到新年的那一刻起，持續地華麗綻放，搭配音樂和閃爍變幻的燈光，展現多重層次美感的爆發力。

　　不論是否認識，在場的人們一邊舉杯歡慶、一邊擁抱身邊的人給予祝福。先前擁擠時的焦躁頓時消失得無影無蹤，取而代之的是滿滿的感動，以及對新年的期許。

　　走在街頭，成群的陌生人仍舊開心地逢人便大聲互道：「新年快樂！」我擁著身旁的好友，感念著旅程中的關懷、收穫與喜悅，也遙望自己在今年即將踏出的嶄新人生，不禁也率性地高聲大喊：「新年大快樂！我們都要很快樂！」

Chapter 21

來杯櫻桃甜酒，
敬公正的公雞一杯

葡萄牙
PORTUGAL

洋溢戀慕情感的古城，
在時代流轉的過程中見證可貴的愛情。

Portugal

　　寫一首短詩、唱一首短歌、舞一首短曲，託信鴿捎一封音訊帶給遠方的你，託南風帶一波暖流將你包圍，波光粼粼的海洋被陽光烙印，雲的信籤從天空降臨。在浪漫的愛情城堡中輕輕歌唱，在陽光吻遍的草原恣意飄盪，我們手牽著手，航向世界的盡頭，走向世界的角落，在此見證我們的愛。我在波多的杜羅河畔，寫下了這段詩。

　　抵達波多後，映入眼簾的水藍色瓷磚教堂，宛如藝術綻放的一抹藍，深邃到讓我無法將視線移開。依山而建的波多，地理位置得天獨厚，是葡萄牙的第二大城市和第一大港口，更是品質醇厚「波特酒」的故鄉。漫遊在全區都

葡萄牙著名的彩繪瓷磚牆，銘刻了過往的輝煌藝術和歲月。

是世界遺產的舊城區，藍天白雲襯托色彩繽紛的小屋，令人落入一種懷舊但充滿童趣的情懷。

從山頂望去，紅磚屋瓦、杜羅河畔的彩虹屋與壯觀的路易一世大橋、斑駁殘破的廢墟，和現代化的商家形成強烈對比。繁盛和沒落在此不停拉扯，卻又共存共榮。朋友回憶首度造訪波多時，也不經意地讚嘆了她的美，然而計程車司機卻這麼說：「是啊，很美。但等到過了幾百年後，可能依舊還是這個模樣。」

灌注職人精神的瓷磚畫藝術

阿茲勒，名稱起源於阿拉伯文，意思是「經過精美雕琢的石頭」，是葡萄牙和西班牙典型的瓷磚畫藝術風格，也是我在這裡最熱衷尋覓的文化之一，我們可以在教堂、房舍、牆面繪畫發現它的身影。五個世紀以來，這項從沒間斷過的流行藝術，持續傳承到現在，依舊如此迷人。深具風格特色的瓷磚畫，已經成為葡萄牙的藝術文化典範。

我在一家紀念品館發現正在手繪瓷磚的師傅。在此之前，我還以為現今都已經改用機器大量生產了，沒想到傳統職人仍舊堅持著專業。「Not machine？」訝異的我手指那些作品，用簡單的英文和師傅溝通。

師傅笑了笑，拿起畫筆也對我指了指，看起來格外開心又驕傲。接著他拿了張椅子，就讓我坐在一旁見習，每塊瓷磚可都有自己的工序。先上好第一層色，畫上塔和修道院，一筆一筆快速描繪出建築輪廓，再用藍色層層覆蓋堆疊。加上陰影、窗、十字架等，最後才補上藍灰色天空。桌面上擺滿了瓷磚，乾燥後再補上最後的「PORTO」城市簽名。

據說早期因為技術複雜，這別出心裁的作品十分昂貴，只能裝飾在教堂、修道院、王宮或貴族宅邸，是身分、權力、財富的象徵。後來日漸普及，在各類建築都輕易可見，也進入了現代葡萄牙家庭的日常生活。如此精湛細膩的藝術品，可真是讓人愛不釋手呢！

HOME媽的愛，暖心帶點微醺

一月的葡萄牙還有些微寒，因感冒發燒而昏沉沉的我掛著兩條鼻涕，在波多火車站一邊寫明信片一邊等待，準備前往歐比多斯。以白色婚禮之城和山

葡萄牙你不會想錯過的電車、蛋塔、塗鴉藝術。

谷間的珍珠著稱的她，是葡萄牙七大奇蹟之一。據説皇后依莎貝爾很喜歡這個小鎮，覺得這裡就像大西洋沿岸上的一顆璀璨珍珠，深深著迷，國王便將整座城送給她。鎮上也開始流傳起浪漫的傳説，凡是造訪這裡的新人，都會備受祝福與寵愛，幸福一生。

車站離青旅還有一小段路，原以為可輕鬆抵達，但綿延不斷的山徑，讓我翻過小丘、越過小嶺，抵達目的地時已筋疲力盡。這時又發現電鈴位置高不

可攀，對個子矮小的我來說真的是世界上最遙遠的距離。

歷經一陣手忙腳亂後，熱情的HOME媽出來迎接，看到滿頭大汗又氣喘吁吁的我便露出驚訝的表情，得知我從車站一路徒步過來時，不會說英文的她，用翻譯軟體搭配豐富的肢體語言說道：「我的老天爺！從車站揹這麼重的包翻過那個小山丘？怎麼不叫我去車站接你呢？老天保佑！」她甚至還戲劇性地用大動作拍了額頭一下。

得知我感冒，她趕緊拿來暖爐和毛毯，準備熱牛奶和小餅乾讓我補充元氣，接著比了睡覺的手勢，叮嚀我快休息。每每遇到善良的旅宿主人，那種溫馨都讓人覺得像回到家呀。

「啊，有個東西可以讓你瞬間暖和起來唷！」她開心地拿出一瓶當地盛產的甜酒Ginja。這款國民酒，是用酸櫻桃、白蘭地、糖、些許肉桂一起釀造出來的。這邊還有種奇特的飲用方式，就是倒入巧克力製成的小杯「小酌」後，連同巧克力杯一起吃下去，當地的小酒吧或餐館都會販售。

巧克力杯配上甜櫻桃酒，混搭的濃郁口感甜甜辣辣的，風味十分順口，一下就讓暖意傳遍整個身體。「這可是調劑生活的最佳聖品，我們一天都要來個兩三杯呢。」她還告訴我，這裡每年都會舉辦巧克力節，有各種造型及甜

來杯連容器都能享用的Ginja。

走在鎮內街道上，彷彿時光倒流。

度，象徵愛情的甜蜜苦澀。據説單身者吃到哪種巧克力，將來就會找到類似個性的情人呢。

在縱橫交錯的巷弄堡壘中，尋找著時間流逝的痕跡

　　恢復體力後，我開始在小鎮漫遊。歐比多斯城堡入口前，映入眼簾的是高聳的城牆，城門設計成需要拐個彎才能出去，主要是為了即便被攻破城門，也能在轉角處爭取緩衝時間。現今的轉角後沒有斑駁的彈孔瘡痍，取而代之的是美麗的彩繪瓷磚牆，以及正在引吭高歌的聲樂家。悠揚、高亢的旋律，為這中世紀的傳統小鎮灌注了懷古的靈魂。

　　小鎮的藍白街道，讓人想起潔白無瑕的聖托里尼。牆面上留下許多來自觀光客及當地人的文字，年復一年的留言密密麻麻，遠遠望去還以為是另類的牆面藝術。家家戶戶都有自己的小庭院，綠色枝葉偶而探出，構築出生氣蓬

城牆保衛了小鎮，波爾塔城門因此象徵著無堅不摧的愛。

登上綿延不斷的堡壘城牆，欣賞歐比多斯的白晝與夜晚。

勃的環境。

　　我關掉手機地圖，隨意走上一條條小徑，沿途也遇上許多新人在拍攝婚紗照。愛侶間的牽手、漫步、擁吻，都在陽光的照耀下顯得熠熠生輝，甜蜜的模樣讓人心生嚮往。帶著愛來到流傳戀愛傳說的城市，似乎頗為浪漫，但其實有了愛，無論去到哪個城鎮，相信都能得到祝福。

　　傳說很美，但彼此真實的相處更美。城市的本質不在於給予神奇的力量，而是賦予人們美好的氛圍，去創造獨有的回憶。當我從圍牆外望向當地人的

庭院時，奶奶坐在搖椅上閱讀，爺爺正在修枝花草。這位爺爺年輕時，是不是也在這浪漫小鎮的幫助下，向奶奶訴説自己的情意呢？

著名的花公雞，是情侶間愛的信物

主街上還販售著各式各樣的特色伴手禮，最吸引目光的就是顏色亮麗的著名小公雞了。陽光灑落下，顯得更晶瑩剔透，雄赳赳氣昂昂的氣魄讓人目不轉睛。花公雞在葡萄牙有著獨特的地位和意義，背後是一段讚揚公理正義的民間傳説。

在北方的巴賽羅斯，一位朝聖者在前往西班牙聖地牙哥的聖路上，被誤認是小偷而判了絞刑。他在情急之下對準備吃烤雞晚餐的法官説：「如果烤雞起死回生地啼叫，就證明我是無辜的。」而奇蹟真的發生了，烤熟的雞抖抖身子後開始大聲鳴啼，他也因此無罪釋放。此後，花公雞在葡萄牙就成為公正、信任、好運的象徵，也深入當地人的生活之中。繽紛的色彩加上多處可愛的愛心造型，也成為情侶們愛不釋手的信物之一。

我就這樣從白晝走到黑夜，接著坐在城牆邊休憩，俯瞰著整個小鎮，仰望著剛嶄露頭角的繁星。中古世紀的巡邏士兵，是否也曾在此看著國王與皇后牽著手漫步，分享彼此的喜怒哀樂與愛意呢？微光在鎮上閃耀，昏暗幽黃的街燈為石板街道添上一抹浪漫情愫。日的潔白神聖、夜的朦朧神祕，或許在小鎮的某個街角，剛萌芽的戀愛，正悄悄地發酵呢！

花公雞象徵信任、幸運，是情侶和旅客最佳的伴手禮。

Chapter 22

牙齒痛楚的佛朗明哥舞，
海外就醫初體驗

西班牙

SPAIN

若能站穩腳步因應各種旅行中的意外性，
我們也將經由這個過程獲益良多。

　　清晨六點，發著高燒、忍著劇烈牙痛的我，從巴士站一路朝著旅館蹣跚走去。一周前在里斯本已不太舒服，牙齒隱隱作痛，心想應該只是小感冒引起的，就一直忍著，沒想到病情加劇。抵達西班牙塞維亞時，我已經處在身心都瀕臨崩潰的狀態。

　　賽維亞，西班牙第四大城，是佛朗明哥舞和鬥牛的發源地，是一個充滿熱情與活力的城市。佛朗明哥舞吸收大量吉普賽人的藝術元素，華麗又具個性

塞維亞著名的西班牙廣場。豔陽下的建築也散發出動人的熱力。

的即興表演，在安達盧西亞地區發揚光大。加上位於歐洲南端，特殊的地理位置、延綿的海岸線、加上距離非洲僅三十多公里，為賽維亞孕育了多元文化和歷史。

由於佛朗明哥舞著實成為西班牙國民舞蹈，甚至是國家文化代表，在很多地方都能用實惠的價格觀賞演出，政府也以此推動觀光，讓不少遊客慕名而

來，就只為聽見那一聲精神飽滿的「Ole！」，跟著舞者、伴奏、觀眾間的現場互動，感受每段表演起承轉合的節奏與律動。因此我原本希望能到此體驗，感受活力氣息並享受南歐明媚風光的洗禮。

但還沒感受到她的熱情洋溢，我已被可怕的牙疼折騰到筋疲力竭，激烈的痛楚像是牙齒跳起了佛朗明哥舞，那毫不停歇的快節奏幾乎淹沒了我的理性，還首次萌生了想直接回台灣的衝動。

語言不通時，人類就會啟動求生本能

辦理入住手續後，立即跟櫃檯詢問附近是否有牙醫診所。

「啊！今天是週六，診所都休診了，要等到下週一了。」他一臉同情地說，又擔心我西文無法溝通，問了我的症狀後又一一幫我寫在紙上，建議我

廣場內有五十八座彩繪瓷磚長椅，每座都代表著不同地區的文化及故事。

先去藥局買藥。

癱坐在交誼廳等藥局天亮開張，我腦中一片茫然。我一度開始搜尋機票，想半途跑回台灣看牙齒，再立刻返回歐洲繼續旅程。畢竟在海外就醫的壓力很大，除了金錢考量外，能否順利溝通也是問題。尤其牙齒又不像一般的感冒，在台灣就對牙醫很抗拒的我，身在異鄉的不安就更加劇烈了。

極度不適的身體讓我在街上邊走邊掉淚，感覺周遭的路人都用一種同情的眼神望向我。我把地圖上標示的診所都走了一遍，但果真如櫃檯人員所說的，多半都歇業了。後來上網查詢，才知道在西班牙除了急診之外，看診大多是要先預約的。急診可以直接前往，只是費用相對也會比較昂貴。

最後我去了藥局，比手畫腳的同時，也秀出了小紙條，好讓店員理解我是牙痛和發高燒的症狀。由於不曉得到底是哪種病因，店員拿出好幾款消炎藥供我挑選，但外包裝全都是西班牙文，我也不確定該買哪種。擔心病急亂投醫，我打消念頭準備離開，這時店員好心推薦了另一家大型連鎖藥房。

這一次總算遇到救星了，這家藥房的人非常專業且精通英文，她細心解釋並寫下公立醫院的地址，要我先去看醫生，診斷後再拿處方籤來買藥，得到救贖的我立刻朝著公立醫院奔去。

不用怕，當我喊到CHIA，就代表輪到你了

好不容易輾轉找到公立醫院，儘管是星期六，看病的人依舊不少，我徬徨地走向服務處，用破破的西文向櫃檯詢問外國人的就醫程序。對方沒有因為我不會說西文而失去耐心，反而一直安撫我的不安。

「請問需要付掛號費嗎？如果有需要拔牙，能否先告知我？」

「OK！別擔心，等等我們喊到CHIA，你就進來，知道嗎。」

都市陽傘，當地的著名木建築地標。從上俯瞰，橋一路延伸至街景彼端。

　　深怕自己一不小心就動手術或支付高額醫療費，但看我神情緊張，對方也一直要我別擔心，請我前往候診區等待。雖然不確定他們是否有理解我的意思，但似乎別無他法了，先看完醫生再說。

　　一個人待在候診區，我凝視著對面的西班牙一家，爸爸媽媽正輪流安撫著不舒服的孩子，溫柔的神情，對比著孤零零又內心忐忑的自己，我忍不住又開始淚眼婆娑。

　　等了將近一小時，終於聽見護理師大喊了一聲CHIA（我本名裡某個字的拼音），我怯怯地走進診間。年邁的醫生聽不懂英文，於是我摸了摸牙齒，再摸了摸額頭。沒錯，全世界共通的「肢體語言」。

　　檢查後，老醫生在筆記本上飛快書寫，最後帥氣地撕下一張紙遞給我，上頭寫了病症和處方籤，並對我比了個大拇指。雖然一頭霧水，我也一臉茫然

街上隨時都能發現佛朗明哥舞的元素。

地對他回比了個大拇指，便走出了醫院。

　　第一次海外就醫就獻給西班牙，而且完全沒有付任何費用。詢問後才知道由於西班牙是高社會福利制國家，全民幾乎都享有社會醫療保險，不管是當地居民還是海外移民，只要繳納社會保險金就代表自動加入醫療保險。本人包含親屬，只要憑醫療卡都能享受免費醫療。法律還規定，未成年、孕婦或意外事故等緊急救助，也都等同急診，享有免費醫療服務。

　　而我的情況屬於範圍內的外國人急診，不須預約，直接前往醫院出示護照，簡單描述並填寫表單，讓醫生進行診斷及常規檢查等措施，這些都是免費的。但醫藥體系是分開的，之後再拿著處方籤自行去藥局買藥即可。

　　「西班牙不愧是被評選為公共醫療保健體制最健全的國家呀！」我心懷感激地讚嘆。

　　而一整天下來，我也因此學會了「El Dolor」（痛）這個詞，它和我的比手畫腳，可說是搭配得相得益彰。

鐵齒總讓人在關鍵時後悔

　　吃了消炎藥，病症似乎也得到緩解，我平安度過了週末。但是怕治標不治本，在旅館人員協助下，我仍在週一掛了牙醫專科診所。診所位在一處老舊公寓，但室內純白的環境明亮舒適，還播放著舒緩情緒的輕音樂，四處擺設各種高級的設備和器材。

　　年輕帥氣的牙醫幫我安排照X光，雖然他也不會說英文，但全程有專業的助理護理師協助翻譯，讓整個看診過程安心不少。不幸中的大幸是沒有蛀牙，讓原本以為可能要拔牙的我，頓時放下心中一塊大石。但由於牙神經發炎，醫生建議抽掉它，避免復發。回想在台灣時就有醫生勸我治療，這次就是同一處急性發炎，才會伴隨劇烈的疼痛和發燒。

牙醫給了我幾個選擇，拔牙、抽神經或吃藥舒緩。由於害怕動刀，我猶豫半天，最終還是選擇了吃藥紓解。只不過最後他也再次給我忠告，如果在接下來的南美旅程中復發的話，他就愛莫能助了，而且南美國家的醫療環境相對沒有西班牙完善。

開了強力抗生素的處方籤，醫生叮嚀我乖乖吃藥並把藥備齊。這次由於是臨時預約，加上是私人診所，我付了昂貴的掛號費，但也找到確切病因，這場牙痛生存戰，也就此平安落幕了。

傍晚回到旅館，和朋友分享著整個看病的心路歷程。

「一個人旅行對你來說是件容易的事嗎？像是身體不舒服時，一個人更容易感到徬徨無助，不是嗎？」朋友突然問我。

我看著她，一時語塞，答案其實並不困難，我卻猶豫著該如何回答。

　　當下確實是徬徨不安的，但我仍鼓起勇氣去接受面對。因為我深知，當下先確認病況才是最重要的，在那之後才能思考解決之道。因為是自己決定了這趟冒險旅程，不管遇到什麼狀況都得好好面對。旅行途中其實會有很多人願意幫你，但最重要的還是得天助自助。一個人旅行或許會有艱難的時刻，但也是讓你脫胎換骨的成長機會。

　　重新漫步在市區，終於能有閒情逸致好好欣賞賽維亞的美。回想起前幾天走在路上因疼痛而落淚的自己，我不禁噗哧笑了出來。笑自己的笨拙，也笑自己的可愛。雖然牙齒還帶有點疼痛感，但我告訴自己：「乖乖吃藥、好好休息，一切都沒問題的！」

　　轉身走進一家小酒館餐廳，我準備欣賞期待已久的佛朗明哥舞現場演出。順便用重生的牙齒大快朵頤，把這幾天沒享受的西班牙美食，全部一次吃回來！Ole～

音樂一下，舞者就在廣場上大秀舞藝。

Chapter 23

頑童布魯塞爾，
轉角遇見台灣藝術家

比利時
BELGIUM

有信心地，走好自己的路。
因為未知，所以更值得期待。

　　準備離開巴西時，原本預計造訪美國，卻因為曾去過伊朗，無法以ESTA方式申請電子簽證。除伊朗外，曾赴伊拉克、蘇丹、或敍利亞旅行或停留的人，都不適用於美國免簽證計畫。雖然並非禁止入境，但從支付十四美元增加到一百六十美元，並且要經過實體面試才能取得一般簽證，連入境轉機也不被允許。翻了將近十倍，讓人必須要替荷包細細思量。

　　心想著該如何以經濟實惠的方式重返歐洲，尋找比對各種航班價格，才找到一班在英、德轉機，終點站是比利時的班機，價格漂亮，但歷經四十幾個

布魯塞爾大廣場。法國文豪雨果曾誇讚這裡是歐洲最美的廣場。

比利時美食比我想像中的還驚豔。

小時才抵達目的地。轉機時驚喜不斷，英國海關由於刷不到巴西出具機票的 QR CODE，一度惱火到嫌棄他國紙張磅數不足，不像英國機票一樣有質感。「你看，這才叫機票啊。」重出一張給我後，海關人員驕傲地說。雖然覺得這樣的比較很孩子氣，但也相當有趣。德國人也不遑多讓，通過英國X光機的牙膏，在這裡卻被阻擋下來，雖然不是重要的東西，也只僅存一些，但它至少能再刷個幾次牙啊！我企圖說服他們這是安全物品，在英國轉機檢查時也沒問題。「英國是英國，這裡是德國！」海關人員霸氣果斷地說道。就這樣，經過漫長的飛行加上轉機，我終於回到歐洲了。

當個城市樂趣高手，尋找尿尿小童！

　　比利時，位處歐洲十字路口，是個種族複雜，融合精華文化的國家，比台灣還小的她就像個小小聯合國，北部說荷語、南部說法語、東部特定區域則說德語。麻雀雖小，五臟俱全，這樣的多元多樣性，也讓比利時人才輩出，除了耳熟能詳的優雅女星奧黛莉赫本外，我在童年時愛不釋手的《丁丁歷險記》作者艾爾吉也是比利時出身。

　　人們對比利時的第一印象，不外乎是手工啤酒、尿尿小童、濃郁的巧克力及酥脆可口的鬆餅。比利時朋友總說：「全世界最好吃的巧克力就在我們這！」對自家生產的巧克力感到十分自豪。據說比利時每年出產的巧克力就高達快三十噸，還有世界最大的巧克力工廠。光用想像的，是不是就讓人流

口水了呢？

　比利時啤酒更是以品質和多元性聞名世界，只要走進小酒吧和餐館，就會知道他們對啤酒的堅持絕不馬虎。各種啤酒專用玻璃杯、細緻綿密的啤酒泡沫、專業的酒單，玲瑯滿目的品牌，讓人還沒喝醉前就先看醉了。如同紅酒般，這裡的啤酒也標示著啤酒顏色、濃度、飲用風味等資訊。

　此外，雖然不少人會略過首都布魯塞爾，直接前往有北方威尼斯之稱的布魯日旅遊，但既然都來了，怎能錯過我們比利時的巨星「尿尿小童」呢！來到尿尿小童的城市，當然要來蒐集小童呀！象徵市標的尿尿小童位在中心區的噴水池，但原始版本已被珍藏於博物館中。

尿尿小童你要洗手才能吃東西喔！一邊尿一邊代言商品好辛苦。

由於尿尿小童太受歡迎，許多國家都想讓他穿上代表性服裝，別具意義也為自家宣傳，增進曝光度。各國捐贈的服裝就高達七百多件，供他在特殊節日時更換，根本就是比利時最能走在時尚尖端的小孩。他也曾經穿上客家服裝，讓台灣也成為被世界關注的焦點喔。

剛開始搜尋他的蹤影時還興致勃勃，畢竟百聞不如一見。直到發現街上滿山滿谷都是尿尿小童，不論是巧克力店、鬆餅店、冰淇淋店，到處都有他的蹤跡時，除了對他的高人氣感到驚嘆，也心想若是有收代言費的話，收入一定相當可觀。

附近還有一個互相輝映的尿尿女童，是男女平等的象徵。可愛的她綁著雙邊短馬尾，怡然自得地蹲著尿尿，趣味性

布魯塞爾的象徵———尿尿小童和尿尿女童和大家問好。

地鼓勵民眾可以朝她的小許願池許願，心誠則靈！而且可能因為是女孩，外觀還設有柵欄保護著她！我就像福爾摩斯般，不斷在城市中搜索冒險。不知道等到下一次造訪，會不會在這裡發現尿尿先生和尿尿女士的存在呢？

誤打誤撞，闖進台灣創作者的畫室

　　這趟冒險旅程和台灣人很有緣，在比利時商店街閒逛時，就遇到一群來自助旅行的台灣姊姊，因為投緣，二話不說就熱情地邀請我一起共進晚餐。這條路上，總是默默接收到很多台灣朋友的溫情幫助與打氣。有一天，我還因為誤打誤撞的機緣，闖進了台灣藝術家林耀楷大哥的畫室。

　　由於布魯塞爾不大，有時我會打開離線地圖，把看起來有趣的區域都標註起來，就開始我一天的行程。以前會覺得這樣很浪費時間，尤其沒有目的地，也不確定要去哪，深怕自己錯過了什麼，於是就習慣把行程排滿。但長途旅行後，會發現多走些不一樣的路，反而會出現意外的驚喜。

　　這一天，我沿著小路左拐右彎，前往地圖顯示的某處熱門景點，抵達目的地後只看見一間樸實的小屋，由於尚未營業，也看不出有什麼獨特性。我在門外左顧右盼，踮起著腳尖想偷看，鬼鬼祟祟的模樣引起了屋內人的注意。

「請問有什麼事嗎？」

「請問這邊是景點嗎？」我怯怯地問。

「這邊是畫室喔，你是台灣人嗎？」

「對！我是。」

就這樣，畫室的主人林耀楷大哥請我進去閒話家常，他分享來比利時工作二十幾年的甘苦談，也聽了我正在實踐夢想的歷程。

「你們這一代有更多資源，更多想法，當對一件事情夠熱愛、夠執著，就有動力不顧一切地完成它。不要白白浪費自己的天賦。」

他相當肯定，認為不管任何年紀，如果有機會到世界看看，就要好好把握機會，走出台灣，去找尋並發掘自己的獨特和機會，不要一昧照本宣科，遵循社會既有價值觀的期待。就像他常駐於此推廣水墨畫，用自己的專業和興趣把台灣文化推廣出去。

林大哥早期想完成繪畫夢，不顧一切毅然踏向陌生的歐洲，離鄉背井的哀愁、不安定的恐懼、初期語言不通的障礙和昂貴的生活費支出，都讓他沮喪，甚至開始懷疑自己。但這些阻礙仍箝制不了他的熱情和決心。他一一克服、逐步嘗試，認真取得學位後，因緣際會辦起了個展，並擁有自己的畫廊。漸漸地，林大哥在歐洲闖出名堂、嶄露頭角，不但被許多藝術評論家給予高度肯定，也獲得布魯塞爾政府頒發的藝術傑出獎。

「就像你的旅行，途中一定會遇到很多挫折和衝突，就看如何面對處理而已。想繼續，那就勢必會為自己找到一個支撐下去的理由和動力，不用別人在後面驅使你，你也會自己勇敢往前。」說完，他又鼓勵我。

「你回去之後，會把旅程記錄下來寫成書嗎？這是一件很重要的事，你一

布魯塞爾、布魯日、根特擁有精緻的城市風貌，非常值得一遊。

無論是布魯塞爾還
是布魯日街頭，處
處都能看到藝術靈
魂的展現。

定要做！你永遠不知道，你的一句話、一件事、一個鼓勵或一個舉動，都有可能不經意地成為他人心中的一股力量。」他熱情地勉勵著。既然擁有這麼棒的人生體驗和機會，就應該分享給更多人知道，讓他們也有勇氣踏上屬於自己的旅程。

最後，他在我的旅遊日誌上寫下一句話「有信心地，走好自己的路。」

離開前，看我的褲子東破一塊、西缺一角的，於是就挑了些衣物。

「看你省吃儉用的，讓我想起當年的自己。這絲巾和背心雖然是二手的，但都還很新，就送給你用吧。」

雖然聊天當下沒説，上網查詢後才發現，當時為了藝術創作及想盡辦法留在歐洲，生活一度拮据的他，也將自己的開銷降到最低，只為了專心創作。

緣分真的很奇妙，有時相識不到十分鐘的陌生人，卻能侃侃談起彼此的人生。我也沒想到，我會在這一天意外地踏進這裡、遇見一位在比利時努力且才華洋溢的台灣畫家，並且聽他分享這段激勵人心的人生歷程。看著林大哥在我日誌上寫下的話，我告訴自己，要讓這段旅行，變成滋潤自己和他人人生的一抹勇氣養分。

林大哥與他的水墨畫作品。

Chapter 24

媽媽咪呀！
粉紅泡泡異國戀曲

義大利
ITALY

我們總是很難掌握明確的情感流動，
畢竟愛的故事總是突然降臨。

　　歷史悠久的義大利，從羅馬帝國時期就廣為人知，直到現今，仍以各種潛在方式征服全世界。無論是經典的義式咖啡、對口味有所堅持的薄皮披薩、濃郁香甜的義式冰淇淋、精緻的時尚服飾、雄偉壯觀的歷史遺跡及令人心醉神迷的藝術品，義大利以一種全方位的優雅姿態，深入每個人的內心。

　　外觀呈現靴子型的她，就像登上歐亞板塊上的時尚伸展台，大刀闊斧地展現自我魅力。從北方時尚之都米蘭、水上威尼斯、浪漫羅馬、文藝復興佛羅

倫斯到如夢如幻的南義西西里和蜜月勝地阿瑪菲，難怪不少人會形容義大利就像上帝打翻的調色盤，組成濃情蜜意、別出心裁的色彩，一眨眼都怕錯過她的精采。

如此情感豐沛、民風熱情又開放的國家，不難想像「浪漫」也在各個轉角蔓延，加上經典電影及愛情故事的催化，讓義大利被公認是最容易墜入情網的天堂。

從比利時搭乘巴士一路南下，將近二十五個小時的車程，總算抵達水鄉威尼斯。由於巴士停靠在外圍區，滿身疲憊的我等待著遲遲不來的公車。

「今天好像是公車司機罷工的日子。你要去哪？」一旁等待許久的義大利媽媽說。

「如果真的沒公車，我可能要用走的去青旅，大概五、六公里。」

「媽媽咪呀，太遠了！我叫我兒子來載我，順便載你一程吧。」

沒想到一抵達威尼斯就感受到義大利人的大方溫暖，對我而言只會在電影

街上總是能意外發現浪漫元素，連動物都在打情罵俏。

不管是老夫老妻還是熱戀中的情侶，都讓人好生羨慕。

裡聽到的那句「媽媽咪呀」，也讓我不禁笑出來。

搭訕跟呼吸一樣是件稀鬆平常的事

　　春夏時分的歐洲溫度宜人，日照時間長，各處都生氣蓬勃。蜿蜒錯綜的水道貫穿整座城市，閃動著波光的水面讓心情也跟著雀躍起來。威尼斯是全歐洲最大的無車區，以運河、貢多

拉船與獨特水鄉風情聞名。一艘艘取代巴士的交通船，忙碌地在水巷穿梭。我走過一座座石橋，看著交織的水道，佩服著前人以智慧建構的這座水上城市。街頭四處可見摟抱或擁吻的情侶，聖馬可廣場的小販熱切地販售玫瑰花束，讓人不禁也陷入粉紅色的浪漫情懷。

「你從哪來？有男朋友嗎？要不要喝杯咖啡？」走在威尼斯街頭，不時會被問上幾句。浪漫的義大利人，或許從小耳濡目染，迷人的眨眼功力，電力十足且深具魅力，只要一不小心對到眼，那一下BLINK總讓人心跳漏半拍。如此及時享樂、大聲說愛的民族，跟相對保守的亞洲人相比，清楚直接地表達自己的感覺和愛意，適時給予對方擁抱或親吻，很是率性可愛，也難怪不少人會在此墜入情網。

威尼斯粉紫色的晚霞，為這浪漫的城市增添了幾分神祕。

在美麗的城市，展現自信的自己。

威尼斯的華麗面具與描繪希臘神話的彩繪石。

　　起初總是會被突如其來的搭訕嚇一跳，漸漸也習慣了這樣的熱情。相互問候，偶而再來個擁抱或臉頰上的輕輕一吻，人與人的接觸，變得很簡單。有人說單獨旅行是一件很孤獨的事，所以在這樣的城市裡更容易擦出火花。我們不是因為孤寂開始旅程，但如果能遇見一拍即合的人，來段轟轟烈烈的愛，不也是一件很美好的事嗎？畢竟在陌生的城市裡，似乎也特別因浪漫而注入了一股勇氣。Cheers！

每個城市、每處角落都有強烈的風格和特點，品味時總能獲得不同滋味。

你嘗試過甜甜的法式接吻嗎？

　　經典電影《托斯卡尼豔陽下》，訴說離婚後身心墜入谷底的女主角，因緣際會在托斯卡尼展開新人生，學習用義大利人的視角和生活態度享樂，不喪失熱情，順應著節奏，找尋愛也被愛追尋。劇中有句台詞說：「要記得活得精采，要永遠抱持一顆赤子之心，好運就會來！」

　　遇見Karl，就在這充滿溫暖的國度裡。夏季的義大利炎熱，旅社外的游泳池擠滿了人，我慵懶地在岸邊享受日光浴，想著等等要來去品嚐道地的提拉米蘇。

　　「溫蒂，要一起去喝點東西嗎？」Karl問。

　　來自法國的他，是個有著稚氣笑容的大男孩，談吐風趣幽默加上愛彈吉他唱歌，在青旅裡結交了不少朋友。聰穎的他精通七國語言，在中南美洲、歐洲及亞洲旅行已八個多月。和我一樣，只是單純想探索世界，辭去工作後就帶著吉他浪跡天涯。

　　大夥總愛圍著他一起唱歌作樂，他也總不忘拉著我一起參與，幾個談得來的朋友，很快就熟絡起來。

　　由於後續行程不太一樣，我們各自照著計畫在其他城市遊逛，相約在南義的索倫托碰面。這個依山傍海的小城，緊鄰著蜜月聖地阿瑪菲海岸，一樣充滿著地中海風情，卻顯得恬靜。因為盛產檸檬，空氣中瀰漫著一股淡檸清香。陸續抵達後，我們聚集到Karl的住處，討論要包艘小船一起出海遊玩。

　　喝個小酒談天說地，聊著彼此旅途上的奇聞軼事，不知不覺已將近晚上十一點，大夥陸續回自己的旅社，只剩下我和Karl還歡天喜地地喋喋不休。

　　「我也差不多了，有點晚了。」

「再留一下啦，反正我這邊兩張單人床，太晚你一個人回去也危險，就留著呀！」

於是他彈吉他，我唱歌。氣氛輕鬆愉快，我們都沉溺於這樣的氛圍中，浪漫似乎也正在默默發酵。

「溫蒂，你嘗試過法式接吻嗎？」Karl問。

「沒呀！」

「那你想試試看嗎？」

突如其來的詢問讓我措手不及，像被施了石化術一樣僵住。即便對Karl也有好感，腦中還是不自覺飛過千萬個猶豫，標準的情感壓抑！我思索著彼此認識才不到兩週，未來發展也是個不可期的未知。但我身處在這麼浪漫的義大利，這只不過是個簡單的吻啊。是不是該勇敢面對自己的情感，像義大利人一樣享受當下，坦然處之才不會錯過一段緣分呢？

至於Karl，如果彼此間互有好感，認識時間的長短一點都不重要。

「我們亞洲人比較含蓄啦！通常會經過一段時間認識、牽手、才會到接吻。」

「有什麼差別，喜歡不就是一件很簡單的事，接吻很快就知道來不來電啦。」Karl認真地說著，而且似乎很有道理。如果不踏出一步嘗試，又怎能期盼得到答案？而且花時間得出的答案，也不見得就是最佳正解。

「人生苦短，愛要及時啦！要花這麼久時間才能喜歡上一個人，感覺好累。」

最後，我終究還是錯過「體驗」法式接吻的機會，但對Karl這樣不隱藏自己情感，愛就大聲說出來的個性，還是好生羨慕了起來。他很紳士地親吻了

在義大利緩下腳步，享受慢活又優閒的生活。

我的額頭，笑著説將來的某一天，我想起這段回憶一定會後悔莫及。

「再給你一點時間和機會想想，我先去沖澡。」

當我正準備走去陽台吹吹清涼的海風時，進去浴室不到五分鐘的Karl，打開門惡作劇地笑著説：「還是，要不要一起進來洗？」

「不用客氣了，你自己慢慢洗就好。」我大笑著説。

「確定不要？」關起門後的五秒，他又再度探出頭詢問。

「你瘋子耶！」

「喔不！媽媽咪呀～」他誇張地學起義大利人的口吻。

在這樣的打鬧中，我們瞬間化解了尷尬。我看著佇立在懸崖峭壁上的小屋，點點燈火、海風吹拂，伴隨浪花聲響，空氣中漂蕩著鹹鹹的海水味和淡淡檸檬香。我憶起《托斯卡尼豔陽下》裡的一句話。「好的事情總會再來到，當它晚來時，也不失為一種驚喜！」

義大利的浪漫，或許在下個城市、下個角落、下個時刻，依然會再次出奇不意地與我偶遇吧！

Chapter 25

古巴爺爺
在雪茄裡捲了什麼？

古巴
CUBA

刻下美麗記憶的相遇，
串聯起一段又一段回味無窮的故事。

　　在即將離別的這天，雪茄爺爺緊握著我的雙手，我知道他想告訴我：「有空的時候，記得回來看看我喔。」他揮著手，眼角泛著淚光，真情流露的那一刻，也觸動了我內心最深處的情感。素昧平生的我們在田間偶遇，短短兩日，即便語言不通，卻有了真摯的交集。你會因此感動，原來人與人的交流如此真實；你會珍惜，這世界不乏願意和你敞開心胸的人。

樸實熱情，最貧窮的富人

　　維萊尼斯，古巴聞名世界的雪茄故鄉。得天獨厚的環境，栽培出品質優良的菸草。有別於首都哈瓦納，這裡少了城市的喧囂，洋溢著鄉村特有的純樸風情，彷彿連時間和空氣都維持恬靜且緩慢的步調。

　　早晨天氣晴朗，薄薄的白雲，像被陽光曬融的棉花糖。沉浸在瀰漫青草香的空氣中，我在小鎮上漫步、找尋雪茄的蹤跡。雖說是觀光重鎮，但街上人煙稀少，映入眼簾的街道，是當地居民自在的日常。繫著紅領巾準備上學的孩童、抽著雪茄準備開工的帥氣工頭、懷抱著嬰孩的母親，在路邊修剪起客人頭髮的設計師。這樣的日常景緻，在毫不急促的步調中，閑靜地展現了在地人的活力。

　　我用鏡頭捕捉沿途的日常風景，多數的古巴人熱情和善，總是笑著和我招招手互道早安，有時手上就突然多了一杯冰涼的新鮮果汁。鏡頭下，他們的

笑容樸實但燦爛無比，也讓我想起曾聽朋友說過：「古巴人是最貧窮的富人。」在共產主義社會體系下，多數古巴人的物質生活匱乏，但他們樂天、不吝分享的個性，卻造就了他們富裕的心靈。

在鄉間小道與雪茄爺爺相遇，你永遠不知道下一秒會遇見誰

朝著田間小路走去，沿途不時會有牛隻及馬匹經過身邊，農夫們一貫熱情地笑著問道：「要去哪裡呀？可以順便載你唷。」自然的問候就像台灣人常掛在嘴邊的「呷霸未」。

帥氣的雪茄爺爺。

　　小豬仔們悠哉地躺在樹叢下乘涼，偶而好奇地朝我瞄過來。我拐進一條蜿蜒小徑，享受著綠油油的田野風光，忽然聽見一陣急促的狗叫聲，似乎在警告：「快停下來，你已經進到私人領域了喔。」我緊張地左顧右盼，想確認聲音的來源。

　　此時，從菸草田的另一端出現了一個老爺爺。上了年紀的他抽著雪茄，神情流露出絲毫不被歲月打敗的帥氣。小黑犬忠心地跟在他身邊，警戒似地上下打量著我。他們似乎剛忙完田裡的工作，正準備回家休息。我微笑著，手

比了比相機，詢問爺爺能否拍下他抽雪茄的樣貌。

我在心裡默默讚嘆，維萊尼斯不愧是雪茄的故鄉，從年輕人到長者，男性們皆是人手一支雪茄，而且都擁有一種毫無矯情的氣質，彷彿雪茄早已是融入他們生活與自身品味的一部分。

雪茄爺爺講了一連串的西班牙文後，看我滿臉問號，他笑了笑，用手比劃著喝茶的樣子，並指了不遠處的小屋。這時才明白，原來他想邀請我去家裡喝杯茶，我滿心歡喜地點了點頭。小黑犬也放下防備，猶如領隊般在前頭領路。淡綠色的小屋就坐落在田旁邊，眼前清新自然的田園風格，讓人非常放鬆。屋內擺設很簡單，幾張木椅子配上櫥櫃及老舊的木製餐桌，牆上掛了幾幅畫和照片，其中抽著雪茄笑著揮手的婦人，是爺爺已過世的老伴。

雪茄爺爺走進廚房，慎重地從櫥櫃中拿出平時似乎沒在使用的小杯盤，現煮了杯咖啡給我。啜飲了一口，啊，這就是正宗的古巴咖啡，既濃郁又具層次。在古巴，絕大部分民宿或餐廳都會提供黑咖啡，並詢問是否要加牛奶或糖，而這個以蔗糖為主要經濟作物的國家，每個人都像螞蟻般熱愛甜食。眼前的爺爺，也正在一匙一匙地往咖啡裡猛加糖。

家中簡單的擺設。

爺爺的妻子，爽朗的表情同樣很有魅力。

最珍貴的紀念品是無法用錢買到的

看我對菸草一臉好奇，他走向木製櫥櫃拿出一堆已曬乾熟成的菸草，開始示範如何捲菸。有別於一般觀光客參訪的工廠主要以販售為導向，導覽時間短且禁止拍照，我彷彿來到真正的雪茄工作坊。快速熟練的動作，一支雪茄成形。

爺爺笑著將雪茄遞給我，要我當禮物收下，還一邊問我要不要直接抽。

「都來到古巴了，怎麼能不抽雪茄呢？」儘管對菸沒有興趣，在爺爺的熱情慫恿之下，我嘗試了人生第一口菸。這支雪茄至今仍被我好好收藏著，或許包裝不如市售品精緻、或許品質也不是高級品，但裡頭捲入了爺爺滿滿的誠摯款待之心。物品的價值從來不該被數字給侷限，它取決於贈送者的心意與賦予的意義。

言談中，得知爺爺從年輕時就開始投身於菸草田，現在雖已高齡七、八十歲，仍不願拋下工作，對他而言，每天去田裡幹活早已是日常的一部分。大半時間，我們都靠著比手畫腳或Google翻譯跨越溝通的藩籬。剛踏上旅程時，我也曾一度擔心語言隔閡，但最後發現不安和恐懼都是多餘的。當彼此都想誠心交流時，就會放緩步調耐心聆聽，找出溝通的模式。你會發現真正的障礙從來就不是來自語言，而是心。

在雪茄的故鄉體驗親採菸草

接著爺爺帶著我來到小屋後方，這是風乾菸草的地方。菸葉富含了許多學問，一般要經過種植、採收、自然風乾、發酵等過程。從種植到採收，就需五到六個月，整個過程大概需要一到兩年的時間，才能產出品質好的雪茄菸葉，之後再依據葉片大小、質地等進行分類。新鮮的菸葉會掛在通風的草屋

在熱情的太陽下體驗收割菸草。　　　　　　無價的笑容。

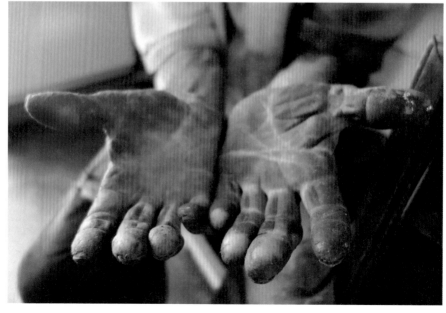

內進行風乾發酵，據說上等雪茄的自然發酵期甚至要多達到五年之久。爺爺這時說：「明天你就來我田裡一起採收菸葉吧。」千載難逢的體驗怎能錯過，我滿心歡喜地答應。

隔日我準時報到，在豔陽下，看雪茄爺爺用小鐮刀俐落地收割，採收的菸草在他黝黑纖細的手上掛得滿滿的，再一次堆置於竹竿上。因為我手腳太過笨拙，爺爺也怕我用鐮刀會受傷，所以決定他先收割後，再由我拿去堆放。分工合作下，很快就採收了一整區的菸草。

看著雪茄爺爺穿梭在菸草田內，揮汗如雨的他臉上始終掛著微笑。知道我喜歡拍照，偶而還會停下來拿起採收的菸草，對著鏡頭露出笑容。這段計畫外的體驗和互動，成為我在古巴最美好的回憶之一。或許這對他們而言只是再平常不過的一天，但是透過親自參與來記錄在地生活，進而了解菸草的文化，絕對是彌足珍貴的人生體驗。

結束工作後，我們再次享用了完美的古巴黑咖啡。「我明天就要離開了，要前往下一個城市繼續旅程，謝謝您讓我一起採收菸草。」我給了雪茄爺爺一個喜悅的擁抱，他拍拍我的背，祝福我一路平安。離別前，我拍下爺爺辛勤工作後的雙手。被泥濘妝點、粗糙但溫暖厚實的表面，是歲月與生活留下的痕跡。他揮著手和我道別，同樣親切的笑容，此時卻伴隨著泛紅的眼眶。我們都不知道還有沒有下一次再碰面的機會，但彼此都很清楚，這段意外降臨在人生中的機緣，會成為彼此記憶中燦爛的一頁。

與雪茄爺爺的相遇，讓我找回與人交流的純真與勇氣。在每一段旅行過程中，尋訪不同地域人們的日常與溫情展現，也讓所到之處不只是個停留點，而是催生美好故事的所在。

Chapter 26

名為熱情的
危險魅力

哥倫比亞
COLOMBIA

才華洋溢的藝術家們，
以自己的方式為國家與城市塑造全新的價值。

波哥大的街頭塗鴉超過三千幅，其他城市也充斥美麗的彩繪。

　　繞過大半個地球，總算抵達心目中的奔放天堂南美洲，而哥倫比亞是我準備第一個造訪的國家。在古巴與旅伴分道揚鑣前，他百般叮嚀我好好保重，那是溫柔的提醒，也是嚴肅的警告。媒體報導總不時提及哥倫比亞充滿毒品和危機，是毒梟黑幫的聚集地。但到此的背包客卻給出了截然不同的評價。這裡是活力四射騷沙舞的盛行地之一，擁有風情萬種的亞馬遜雨林、加勒比海的蔚藍海洋和純白沙灘、高品質但價格公道的咖啡。「如果你要去南美洲，絕對不要錯過哥倫比亞。那裡絕對是世界上最熱情的國家。」就是這麼一句話，讓我決定要親自走上一回探索她的魅力。

西班牙文中,「Loco」代表瘋狂。哥倫比亞人總愛戲稱自己是「Locombia」,意指瘋狂的哥倫比亞人,完美詮釋了我心中熱情奔放的他們。

我以畫家的名義發誓,絕對不會騙你

「可以畫你嗎?免費。」,在首都波哥大街頭散策時,一位畫家上前詢問。當下直覺就是「來了,傳說中的詐騙!」天下沒有白吃的午餐,江湖在走,腦袋要有。畢竟才剛抵達南美,在一切陌生的環境中,自我保護意識很重要。

「不要擔心,真的免費,波哥大很少有亞洲人造訪,真的單純想畫你而已,不用錢,真的!」看出我的擔憂,畫家誠懇地重申了一次。

「會不會畫完就要付一大筆錢」、「最新招術嗎?在網路沒看到人分享這招啊」、「而且沒化妝看起來超狼狽,畫起來會美嗎?」腦海中的小劇場不斷浮現,我委婉地搖搖頭拒絕。

此時,畫家的朋友Juan走上前來,滿臉笑容地看著我。

「Amiga,他真的想畫你,很單純的。我以畫家的名義發誓,絕對不會騙你。」

被他們的誠意打動,我半信半疑地答應。坐在路邊的小凳子上,讓畫家一筆一畫地勾勒出我的輪廓。來往的行人也十分感興趣,總會停下腳步看看

街頭畫家贈送給我的自畫像。

與藝術家的歡樂合影。左起為James、Wendy、David(畫家)、Juan。

畫、再看看我，一邊微笑一邊點點頭，似乎在說：「嗯，畫得很棒喔！」我也漸漸放鬆心情，對眼前專注創作的畫家露出笑容。素描完成後，也一如剛才所承諾的，在作品上簽了名字後，他將畫像遞給了我。

「送給你，謝謝，歡迎你來到哥倫比亞。」我一臉驚喜，滿懷感激地收下這張素描。想起先前那個緊張不安、疑心擔憂的自己，心裡五味雜陳。互相擁抱後，Juan再次笑著說：「Amiga，對吧，以畫家的名義發誓，真的不騙你。」語畢，我們一起笑開了，也留下合影紀念這珍貴的相遇。

鬼才畫家Juan
和他的創作。

爾後,在波哥大停留的日子,Juan成為我最好的朋友,不但介紹家人和朋友給我認識,還親自下廚邀請我去家中用餐,體驗家常菜。言談中發現Juan也是位不容小覷的創作者,曾擔任大學講師、藝術活動的專業評審及城市塗鴉師,在藝術領域佔有一席之地。「年輕時,我也曾在歐洲邊旅遊邊賣畫籌旅費,認識了好多很棒的朋友。旅行累積的是一輩子的回憶,看到你獨自來南美旅行,我特別有感觸,也佩服你的勇氣。你的笑容和照片都很具感染力,繼續用這樣的笑容體驗哥倫比亞吧!」Juan對我眨了眨眼。你知道的,藝術家名義起誓和直覺是不會騙人的。

來Juan家討食的無名黑貓。在我去用餐那天,牠被正式命名為Taiwan。

某日的黃昏,我正準備從武器廣場返回旅社,一個背著長筒販售手環的街頭賣家筆直地朝我走來。看著我手上一堆紀念手環,他一邊說著西語、一邊從長筒上取下代表哥倫比亞國旗的三色手環,順勢就往我手上綁,這也讓我的內心劇場再度揭幕。「天阿,才剛愛上這個城市,就有人來強迫推銷了!」我搖搖頭婉拒,並且指著我那些手環說道:「All memories from friends。」表明每一條都代表一段友情和故事。

只見他持續自顧自地說著西語,發現無法交集時,他露出燦爛的笑容。

「Amiga，welcome to Colombia。」接著
轉身準備離去。瞬間我才意會，他只是
單純想送我一條代表國家的手環當禮
物。當下我滿臉通紅，自己根本以小人
之心度君子之腹！我快步追上前去，送
給他其他國家的紙鈔當作交換。「Amigo
Exchange！」他再度開心燦笑，在我的
另一手也繫上了三色手環，當作紀念和

Free Gift Again，代表哥倫比亞友情的三色手環。

友情的象徵。夕陽下，他揮著手跟我道別，正在我心中發酵的那股暖流，就
好像天空中暈開的橘紅色一般。後來學會簡單的西語，才了解當時他其實說
的是「Regalo」（禮物）。

麥德林的各位,原來你們都醉了

從波哥大來到世界販毒最猖狂的第二大城市麥德林,昔日的她,是聞風喪膽的毒梟大本營;今日的她,光鮮亮麗,完善的地鐵和城市規劃讓來自世界各地的背包客讚許不已。很難想像不到半世紀前,這裡曾被恐懼和死亡的陰霾給籠罩。有了在波哥大累積的信心和勇氣,即便忐忑不安,城市曾經歷的過去和復甦也更加吸引我。

星期日的早晨,這裡寧靜到宛如空城,因為聖經說上帝用六天創造世界,第七天要休息,是敬仰上帝及陪伴家人的日子,所以商店週日基本上不營業。一路上,總會不經意瞄到像是嗑藥或酒醉的遊民四處遊蕩。「你一個人來旅行?!這幾年治安有比較好,但還是要小心,暗巷不要去,包包要顧好。或是我的狼犬借你,當你的隨身保鏢?」一個帶著警犬執勤的警察逗趣地說。

沒想到在前往市中心的途中,就發現有個疑似嗑藥的人開始尾隨我,我大步併小步,希望快點甩開他,後來跑進店家假裝要買東西,順便觀察狀況。只見他正站在店外,眼神渙散、精神恍惚地盯著我看,驚悚片般的氛圍嚇得我一動也不敢動。當地人似乎見怪不怪,店內阿姨發現我的求救信號,才大手一揮霸氣地趕走他。

才離開沒多久,又遇到一個賣彩券的爺爺,看似親切的爺爺招手喚我過去,此時有個約莫十五歲的少年走到我身邊,隨即亮出了一把小刀,一把很小很小的刀。我愣了一下,心想「是要用這麼小把的刀搶我嗎?」那刀子小到讓我無法真心感到驚恐,我一臉狐疑地看著他。看來少年是喝醉了,爺爺揮手示意叫他離開。正當我心懷感激時,爺爺一把抓起了我的手親了又親,還要我親他臉頰。原來,眼前的爺爺也醉了。

這裡的公園也瀰漫著一股酒氣,大叔們帶著醉意下棋、看表演。另一頭,

鼎鼎大名的毒梟大王Pablo塗鴉與波哥大街景。

麥德林郊外知名的彩虹小鎮瓜塔佩。

兩三名警察正用棍子架著一個男子，他嘴裡叨唸著，還一邊哭泣一邊揮舞四肢，紅通通的臉頰及無神渙散的神情，看得出早已酩酊爛醉。原來，這個城市的人大多都醉了。

哥倫比亞的危險，在於讓人上癮的魅力

歷經驚悚的際遇後，對麥德林這個城市的印象因為Marcos而改觀，他是編織飾品的文創工作者，知道哥倫比亞是我南美洲的第一站以及在麥德林的經歷後，他二話不說編織了一條幸運手環送我當禮物，還讓我選了一個幸運物，幫我串起變成編髮。「祝你享受哥倫比亞的一切，別忘記在麥德林的我們。城市正一點一滴在蛻變中，請給她一點時間並記得她的美好。」

回想起遊歷過哥倫比亞的旅人總是眼神發亮地說：「哥倫比亞真的很危險。她的危險在於你一旦愛上她，就很難戒掉她。」Locombia展現出他們對生活的熱情、樂觀、友善與及時行樂的態度。

旅行如同人生，與其盡是聽取別人的經歷，不如自己親自體驗。哥倫比亞不再只是充斥著貧窮、暴力、聲名狼藉毒梟的所在地。新生的她帶著歷史記憶，交織出繽紛的城市色彩，結合豐富的自然景觀和資源，以及引以為傲的哥倫比亞人，孕育出無比的魔幻魅力。Juan、Marcos等藝術家用自己的方式，讓我對這個國家留下了很棒的印象，讓我重新體悟到信任的美好，建立了我在南美旅行的踏實感、也讓我愛上了這個曾經被喻為世界最危險地區之一的國家。

我想，我真的深切地感受到她的危險，一種由熱情與溫暖所塑造，讓人難以忘懷的危險。

Marcos編織的幸運手環與我人生的第一次編髮。

Chapter 27

挑戰極限，
就來世界的心臟

厄瓜多
ECUADOR

關於旅伴，不僅只是旅途中相互扶持的對象。
很多時候，我們總能透過對方的背影，獲得彌足珍貴的啟發。

厄瓜多之名在西班牙文中意指「赤道」，作為赤道經過的國家之一，她被火山環繞、擁有許多豐富且獨特的自然資源，又被稱為世界的心臟。

這裡也是喜歡戶外冒險與登山的人不容錯過的好地方，境內連綿不斷的安地斯山脈及多處國家生態保護公園，豐富物種讓人目不暇給。初訪厄瓜多時其實沒有太多期待，只是想從哥倫比亞順路搭乘巴士南下，實際造訪後，才在種種探索中漸漸愛上這個瘋狂且美麗的國家。當然，不得不提的就是第一天入境的「驚喜款待」。

在世界的盡頭盪鞦韆，美好體驗只要一美金。

無差別攻擊，全國為之瘋狂的潑水狂歡節

誰都無法在這場戰役中倖免，每個人都可能成為下一個「目標」、面前的任何人都可能是潛在的「對手」，這是一場全國上下男女老少都必須參與的戰役——「狂歡節」。

狂歡節，又被稱為嘉年華，是一個天主教節日，主要是在為期四十天的祈禱與自省的大齋節前夕，讓信徒能放鬆享受的活動，在厄瓜多這裡，每年都會熱烈地大舉慶祝。起初我對這個節慶不太了解，驅車前往北部的奧塔瓦洛時，巴士路經一個濕漉漉、擠滿人潮的廣場，只見穿著夾腳拖的大夥手提水桶、忙碌地來回穿梭。此時司機對著我們大喊了一聲「窗戶關好！」當時我還以為是正值雨季，暴雨頻繁造成淹水，所以當地人正在清理善後。這一切直到我親臨戰場，才瞬間恍然大悟。

無論男女老少，一見你就潑。外國人更是首要目標。

原以為是淹水，沒想到事情並不單純。

　　「事發現場」位在鄰近奧塔瓦洛的國家生態園區，湛藍火山湖在豔陽下顯得閃耀動人，正當我醉心享受這片靜謐時，遠處忽然傳來尖叫與追逐聲，循著聲音來到休憩廣場，只見人手一罐泡沫彩帶互相攻擊，白色泡泡也肆虐了整個現場。一個五歲大的小男孩，一邊大笑一邊噴灑，笑著追逐家人，阿公阿嬤聯手反擊，讓天真淘氣的他臉龐瞬間淹沒在泡泡中，勢單力薄的他立刻嚎啕大哭，但還是邊哭邊反抗。或許是與生俱來的樂天豪邁，家人非但沒有停下攻擊，反而玩得更起勁了。

　　就在我笑看這一切，慶幸自己是個局外人的同時，下一秒我也滿臉泡泡了！「CHINO！」這是南美常用於華人的稱呼。攻擊來自四面八方，戰爭來的突然，我來不及反應，完全處在下風。原來外國人才是首要的目標啊！我狼狽地竄逃，在場的大伙都笑得不亦樂乎，而男孩的家人持續炮火猛攻，確保我在參與的過程中「體無完膚」。

　　回程搭了順風車，他們帶我深入一級戰區，只見街頭民眾紛紛用水槍武裝自己，水、泡沫噴槍、七彩麵粉等彈藥齊全，人們從屋頂、窗戶、門口、巷口展開攻勢，每個地方都不安全。不管你是開車、騎車、走路還是閒閒無事坐在路邊，總之，走過路過都必須參與這場活動。令人佩服的是即便狼狽無比，眾人的臉上始終都掛著笑容。「Are You Ready？」他們轉過身賊賊地笑著問我，下一秒我們下車再度衝鋒陷陣、並肩作戰。嗯，果真是一場必須投入百分百熱情與活力的的狂歡節啊！

遇見六十三歲的最強旅伴，看見不平凡的自己！

　　因緣際會，我在奧塔瓦洛的青年旅社，認識了同樣下塌於此的韓國大叔。見我一身溼漉漉地從外頭回來，他還以為發生了什麼事，一聊起來便開啟了話匣子，也促成一段我們在厄瓜多旅行時相互扶持的日子。

　　他是個前年剛退休的高中數學老師，年屆六十三歲，由於熱愛登山，所以南美洲一直是他嚮往的地方。前年他隻身挑戰到智利登巴塔哥尼亞，今年決定從厄瓜多一路往秘魯及玻利維亞挑戰高山。不會西班牙文的他，講起英文也有些生澀，卻不減背包客的熱情。由於沒有既定行程，加上彼此都個性隨興，決定互相照應一起行動。我們常不按牌理出牌，上一秒決定去景點A，下一秒變卦去B，隨機應變的行動讓旅行變得更彈性。開朗健談的他看起來只有四、五十歲，還有人笑問我們是不是夫妻，讓我哭笑不得地大聲抗議：「為何不是像父女？」

　　旅途中他會搜尋資料，一起討論想去的地方，從不會因為年長或對3C用品不熟悉，就把規劃行程的重責大任丟給我。有次他用手機研究地圖，因為老花眼，讓他的頭越靠越低，近到幾乎整張臉貼在桌上，我不禁笑了出來，由衷誇獎他的認真。我敬佩大叔不讓年齡和語言成為禁錮自己的限制和藉口，也藉此激勵自己：「如果他可以做到，那我一定也可以！」

　　印象最深刻的，就是前往昆卡著名的卡哈國家公園保護區。海拔四千三百公尺，全程約五小時，用想的就覺得累，但大叔告訴我山頂景色絕美，而且

幅員廣闊、一望無際的卡哈國家公園保護區，共有兩百四十六個湖泊散布在此。

棲息著許多稀有的動植物，成功慫恿我一同前往。山中沒有明顯的路，標誌也不清楚，加上雨後的路特別濕滑，到處都是泥漿地。我走得汗流浹背，途中還多次跌進泥濘中，搞得自己一身狼狽，他卻一派輕鬆地健步如飛。

「溫蒂，你是個勇敢的女孩！你做得到！這沒什麼的。」大叔持續激勵我向前行。年長的他比我更有活力，始終保持正向能量，我很幸運結識了這位超強旅伴。走在幅員廣闊的卡哈，我的心境也豁然開朗。堅持，才會看見不平凡的自己；實踐，才會不怕錯誤、持續在探索的路上邁進。

在世界的中心跳躍、在世界的盡頭盪鞦韆、在世界的源頭探索

如果呼喊愛情是在世界的中心烏魯魯，那麼想挑戰極限就來世界的心臟————厄瓜多吧！

在這邊可以嘗試一腳在南半球、一腳在北半球的神奇體驗，還能在巴尼奧斯感受腎上腺素飆升的快感，以及探索亞馬遜雨林的重重冒險感。

巴尼奧斯擁有豐富的溫泉資源，還可體驗高空彈跳、溜索、泛舟、瀑布單車之旅，根本就該改名為極限挑戰小鎮。

厄瓜多的孩子們有著動人的笑容。

我和韓國大叔一起前往能在世界盡頭盪鞦韆的樹屋。鎮上有巴士前往，但我們因為不想等下班車，又發現樹屋距離鎮上僅三公里，於是決定步行前往。沒想到一步錯、步步錯，這段看似三公里的路，海拔從平地直奔山頂落差兩百公尺，原以為半小時的路程花了將近三小時才抵達山頂，到達時樹屋也打烊了，只好隔日再次搭公車上山。一美金的超值門票，可一覽世界最危險火山之一的通古拉瓦活火山，勇於挑戰的旅人也紛紛以各種形式盪向世界的盡頭，鞦韆僅有簡陋的防護繩，彷彿遊走在天堂與地獄之間。

鎮上的主橋還可以體驗高空彈跳，最有趣的莫過於會一直聽到經典的電影名台詞「You jump，I jump」，即便大家互相不熟識，還是會慫恿著彼此。教練帶我做完基本訓練後，問我想要普通地跳下去，還是像女超人般奮力一蹬飛出去，初生之犢不畏虎，我誇下海口要當女超人，結果實際站上去後，腳不聽使喚地黏在木板上，蹬了十分鐘也蹬不出去，最後以落魄的「小鵬展翅」搭配慘叫聲一躍而下。

探索亞馬遜雨林，是旅行中我們最喜愛的行程之一。被稱為「地球之肺」的它占地七百萬平方公里，橫越了南美八國，占全球雨林面積的一半，擁有豐富的物種，至今仍非常神祕。熱愛荒野求生的人也可請導遊帶你體驗生存者行程，自己捕獵、採樹果、吃蟲子、生營火。我們的嚮導到處尋找可食昆蟲及富含水的植物，告訴我們如何在叢林中取得溫飽。還可以親自餵食兇猛的食人魚，肉丟下去的瞬間即被快速完食，獵食速度驚人。十公分的小型食人魚在數分鐘內可將五十公斤的肉吃到一點也不剩。嚮導一説完，大家似乎更小心地站穩腳步，深怕一個閃失，就成為美味腹中飧了。

夕陽餘暉下，搭乘木筏橫渡在亞馬遜支流，仰望飄著粉紫色雲朵的天空，如同尚未完全明朗的亞馬遜秘境那樣神祕。大自然的巧妙造化與鬼斧神工就是最好的教材，我像是參加校外教學的孩子，沉溺在厄瓜多這個世界最大的自然博物館。沒有過度開發、維持原始生態淨地，能靜能動的厄瓜多，透過不同的面貌呈現，讓我認識了她的美好。和相

巴尼奧斯市集外的景緻。

處融洽的旅伴隨興規劃的行程，往往促成旅行中最意外的收穫，如同人們常說的：「旅行是為了遇上迷途，而迷途是為了遇見美好。」

參訪部落園區。

只用一條繩子和一塊木板盪向亞馬遜叢林，
沒有保護裝置的驚險體驗。

Chapter 28

天空之城外
的新世界再發現

秘魯
PERU

人們總是持續追逐著眾人簇擁的焦點，
然而請別忘記保持持續開拓新境界的好奇心。

把頭往右一倒，看見印加人的臉龐了嗎？

秘魯最廣為人知的大概就是天空之城馬丘比丘了，每年造訪的旅客就高達
一百三十八萬人。但真正讓我迷上這個國度的，不光只有印加帝國的遺跡。
豐富的自然生態、道地美食美酒、人文歷史以及當地人的友善熱情，都讓人
回味無窮。

這裡是全世界最富觀光資源的國家之一，也是考古學家與研究者心中的黃
金國度，更是背包客心有所屬的探索天堂。

起初我單純只想造訪馬丘比丘，完全沒有研究其他景點。剛好旅友推薦我可造訪山中之城瓦拉斯，去攀爬美麗的高峰及尋訪冰山藍湖，除了發掘秘境之美，也讓我對這個國家有了新的認知。

百年嚴重水患襲擊，好心姊姊撿我回家作客

南美幅員廣闊，想挑戰極限巴士之旅的，都可來此試試自己的能耐。即便中途決定停留，我仍然搭了將近三十六個小時才抵達目的地。由於在車上已昏睡到不省人事，抵達前，僅依稀記得半夜行駛於山中時曾在路邊熄火，一直等到天色微亮時才又緩緩啟動。

原以為是司機避免疲勞駕駛，後來看到新聞報導才知道秘魯正經歷百年來最嚴重的洪水。

百年罕見的淹水災情。

瓦拉斯有名的Laguna 69冰山藍湖。

就在我過境到秘魯及進入山區後沒多久，這兩段主要幹道皆被雨水沖斷了，我也因此受困山區。幸好除了通訊不佳外，生活機能一切正常，我還能隨遇而安地如期造訪周邊景點跟冰山藍湖。

等巴士重新運營，已經過了一週了。好不容易搶到開往首都利馬的車票，在沿途也看到人們努力修復路段，開闢臨時車道供車輛通行的場面。鄰座的姊姊看見因洪水毀損的道路，不時低頭緊握十字架禱告。

「你是來秘魯旅行的嗎？這是百年來最慘重的一次洪水了。」她憂鬱地說。我們一路靜默地看向窗外，祈禱這個國家能平安渡過劫難。到達利馬時已接近晚上六點，這時鄰座姊姊關心起我的後續規劃。

「我會把行李寄在巴士站，再徒步到附近的青年旅館，隔天再前往馬丘比丘。」

「一個女生晚上在街上走，太危險了。」下車後，她立刻詢問服務處，幫我打探落腳處。但飯店價格遠遠超出我的預算，站內也沒有供旅客使用的休息室。

「姊姊別擔心啦，那我就直接睡在椅子上等到天亮就好。」

「不行啦，這邊沒有淋浴間也沒有床，你怎麼休息？」接著她撥了電話，告訴家人要帶一個來自台灣的女生旅行者回去。就這樣，我到姊姊的家叨擾了。她特地點了披薩款待我這位旅客，家人也不停地噓寒問暖，讓我這個突然到來的陌生異鄉人備受感動。

「一個人旅行不寂寞嗎？會不會想家？在秘魯有朋友嗎？」姊姊好奇地詢問。

「一路上都遇到很多溫暖的人，所以不寂寞喔，每一天都有新的驚喜，我很享受。」

「那等你下次回來秘魯，要記得這邊有我們等著你囉！」她的弟弟知道我手上的手環都是旅途中建立的回憶，還特地拿了一條手環為我打氣。「雖然這不是新的，不過是我編織的，請當作是你在秘魯的回憶，也紀念我們的相遇。」

這天晚上，姊姊挪出了床墊讓我使用，雖然沒有旅社的舒適柔軟，但我卻帶著暖暖的心入眠。對於她們一家為一個素昧平生的旅人設身處地著想，除了欣喜之外，也在我的腦海中留下深刻的印象，更在內心種下一顆溫暖助人的種子，期盼自己日後也可以保有這樣良善的心。

隱藏在安地斯山脈中的天然調色盤

想一睹深山中的那抹虹彩，勢必得經過一場體力和毅力的考驗。雖然我不是天生愛登山的旅者，卻在秘魯爬了此生最高也最多的山，每天都在哀嚎著

「腿要斷了，不要再爬了」，卻也在每次看到風景美照時，轉身又奔向大自然的懷抱。

起初，考量超高海拔加上天氣凍寒，網路上也沒有太多關於彩虹山的介紹，一度讓我打退堂鼓。原本已經決心放棄，並驅車前往南方白城阿雷其帕，卻在日思夜夢的情況下，決定再搭八小時的夜車返回庫斯科，畢竟人都來了，既然有想爬的念頭，就別抱著遺憾離開。

屬於丹霞地貌的彩虹山，特殊的七彩顏色來自不同礦物質的組成，經地質變化加上雪水侵蝕與風化而形成。多數旅行社皆有一日團，凌晨四點從庫斯科搭乘小巴出發，約莫七點半抵達登山口，從海拔四千公尺處開始攀登。出發前可喝點古柯茶或嚼古柯葉，讓身體舒緩一點，也要隨時注意自己身體狀

距離庫斯科約一百三十公里處的彩虹山。

綿延不絕的安地斯山，像是上帝打翻了調色盤。

況，避免突發性高山症。我們在天微亮的清晨，於山中小屋享用完早餐後就出發，一路上視野遼闊，蔚藍的天空、綠草如茵、玫瑰色、薰衣草及黃金翠綠交織的山脈及豢養放牧的羊駝群，景象讓人神清氣爽。

單程攻頂約莫二到三小時，端看個人體力和腳程。由於空氣稀薄，每走十分鐘我都得停下來喘氣休息，沿途都有牽著馬的馬伕們神出鬼沒地現身，等待你放棄的瞬間。

「Amiga，要不要騎馬上山？可以算便宜一點唷。」馬伕們在一旁高聲吆喝著。

沿途可見悠哉吃草的野放羊駝，而越接近終點，景色也越來越迷人。最後三十分鐘的路程，陡峭的斜坡是考驗意志力的最後戰役，靠著和同伴相互鼓舞打氣，我們總算完成最後一哩路。

層層山巒上積滿了白雪，如輕輕灑上的糖霜般，為大自然增添了點綴。登上瞭望台，眼前的景色就像是自由意志揮灑後的隨興創作。安地斯山持續向彼端延伸，直至看不見的遠方盡頭，遺世獨立的開闊與優美，不僅讓我開了眼界，也成功挑戰了人生登山的最高點，五千兩百公尺！

馬丘比丘奇遇記，求婚、叢林轉角遇見熊樣樣來！

馬丘比丘，失落數百年的天空之城，印加語意為「古老的山」，建於十五世紀，至今世人仍不清楚當初建造的目的，以及如何被建立，又為何遺棄於此。這座沉睡中的遺跡以其融入週遭環境的幻想姿態，擄獲了世界各地眾多旅遊愛好者的心。

我和旅伴選擇最經濟優惠的徒步方式，從山下走天堂路階梯一路直奔海拔兩千四百公尺的失落之城。矗立於險峰之間的古城，兩側是深達六百公尺的峭壁懸崖。孤城的一磚一瓦，經過精密丈量與切割、緊密堆砌到連一張紙都塞不進縫中，讓人驚嘆工法之巧妙。

正當我還陶醉在古城的神遊之旅時，不遠處忽然傳來一陣喧譁。

「Marry him！marry him！」只見有個男孩單膝下跪，周圍的旅客開始大聲鼓譟，一同見證甜蜜又神聖的求婚時刻。畢竟能在馬丘比丘上完成求婚大事，多讓人稱羨呀！於是我也加入了吶喊的行列。歡呼聲中，男孩羞紅著臉，屏息盼著女孩的答覆，但詫異的是女孩似乎沒想到會上演這一齣，最後面有難色地搖了搖頭。原本就稀薄的空氣彷彿凍結了，鼓譟聲也轉變為哀

馬丘比丘天氣瞬息萬變，一下霧氣瀰漫，一下晴空萬里。

嚎，旅客們紛紛面面相覷、替男主角怨嘆，我想他這輩子應該都不想再來馬丘比丘了，夢幻聖地一秒變成了傷心地，而這場求婚記，也在男女主角各自奔向閨密朋友的懷抱中後，黯然落幕。

我探訪完神聖區、南邊通俗區、祭司和貴族區後，決定前往人煙稀少的印加古橋，因沿途路段狹小加上險峻峭壁，抵達關口處的小木屋時，簽到簽退都需要記錄，以防有遊客沒有出來。漫步森林小徑中，前方出現一群正準備返程的背包客，只見他們示意要我安靜，興奮的神情像是發現了大秘寶。

我躡手躡腳地走過去。「有小熊。」他們輕聲低語。只見兩隻小小熊在樹叢間穿梭，第一次看見人類的牠們緊張地四處竄逃，結果在彎曲的小路又撞見另一組迎面走來的旅客，驚嚇之餘，牠們竟然雙腳站立、雙手舉起，宛如投降的模樣相當可愛。這是我第一次遇見野生熊，而且還是在馬丘比丘，因此更加感到驚喜。最後，我們從一旁靜靜離去，避免影響牠們。

這次一訪美麗的天空之城，不僅遇上了求婚記（儘管不是大家期盼的結局），又遇見野生小熊，真是不虛此行。在如夢似幻的的馬丘比丘，感覺什麼特別的事都有可能發生呀！

闖入《最後的晚餐》餐桌上的怪奇美食

一道歷史悠久、繼承秘魯古老傳統的佳餚，竟然也出現在耶穌和十二門徒前的餐桌上？餐盤上看起來酥脆可口、四腳朝天的「牠」到底是何方神聖？安地斯山脈四處都有牠的蹤跡，當地人譽為不可不吃的美味。一年六千五百萬隻的驚人銷量，可說是家喻戶曉的國民美食，地位大概如同美國感恩節必吃的烤雞。

中央市集裡，我無意間發現這奇特的謎樣食材，蹲著盯了好久，腦海卻沒有相對應的相關資料。清晰可見的小手和小腳，連爪子都一覽無遺，心想，

攤販大哥熱情地想推銷我這對鼠鼠。

應該是森林中某種飛鼠吧。來到市集外,隨著此起彼落的叫賣聲望去,看見了一籃一籃的天竺鼠。

「原來南美洲也流行養天竺鼠當寵物啊。」看著圓滾滾、肥不隆咚、表情又憨又可愛的樣貌,內心都被療癒了。

「要不要買兩隻回去煮啊?」攤販大哥笑著說。

「咦?」我露出狐疑的表情,以為自己聽錯了。

「吃了很補喔!尤其一公一母雙雙對對一起吃更有效。」說完,大哥立刻從籃子裡撈了兩隻伸向我。我這才恍然大悟,原來他們口中的聖品「CUY」就是天竺鼠啊!那謎樣的食材,則是牠們被脫毛處理後的模樣。

攤販大哥熱情地介紹,由於地形及氣候等因素,許多高原上的地區沒有足夠的草原能養殖牛羊等大型牲畜。而天竺鼠體型小、活動範圍也不大,加上高蛋白質、膽固醇含量低,從幾千年前開始就成為秘魯居民的重要食物。即

CATEDRAL - CUSCO - PERÚ

庫斯科主教堂《最後的晚餐》樣式明信片，也出現天竺鼠的蹤影。

使是國民美食，但對比當地物價卻也偏貴，當地人多選在重要節慶、宗教或社交活動時，才會烹煮這道料理慶祝分享。

　　秉持入境隨俗、品嘗當地野味的心態，我決心來挑戰味蕾的極限。但要克服賣相如此「張牙舞爪」的小手小腳真的不容易！調理的方式有兩種，整隻烘烤或油炸後，加上香料、醃菜和醬汁，再搭配馬鈴薯。在市場攤位的大姊協助下，菜刀剁剁、醬料灑灑，怪奇美食即刻上桌。肉質口感類似豬肉但偏硬，表皮如魷魚般十分有嚼勁，但不曉得是否為了消除腥味，品嚐時一直覺得有股草藥味。我想，嗯，這道菜在我的人生中嘗鮮一次即可，感謝天竺鼠賦予我豐盛的一餐。

　　充滿多元驚喜的秘魯果真名不虛傳，讓我有了許多第一次的新體驗，像是坐了最久的車、爬上最高的山、吃過最古怪的佳餚等等。旅行的不設限，永遠讓人大開眼界，在意想不到的情況下，我在馬丘比丘之外，發掘了更多值得探索的一面，作為旅人天堂的國家，果真名副其實呀。

Chapter 29

與天地融合，
洗滌心靈的能量景點

玻利維亞

BOLIVIA

純粹的壯闊感，
其美麗足以讓你捨棄任何的形容詞藻。

　　玻利維亞擁有世界上最大的鹽湖，位於海拔約三千七百公尺的山區，有三分之一個台灣大，每年十二月到三月左右，是當地的雨季，也是最有機會欣賞「天空之鏡」的季節。

　　魔幻的「天空之鏡」，是許多人朝聖烏尤尼的主因，當碧藍天空倒映在晶瑩清透的鹽湖上，猶如鏡子清晰照映，海天一線融為一體，難以辨別的倒影和靜謐，讓真實與虛幻交織在這片大地。漫步其中，見證令人屏息的壯闊美感，是此生值得一訪的奇景。

在南美洲上演侏儸紀公園最新作。

　　要造訪此地，需要有專業嚮導帶路，否則極有可能迷失在這一片純白景緻之中。嚮導們練就一身人體GPS功力，不但能找到適合拍照的水源處，還身懷攝影絕技，擅長運用各種角度以及形形色色的小道具，拍出驚豔且趣味性十足的照片。為一飽眼福，我和旅伴大手筆地一口氣報名了日出團、日落團和三日團。

懷擁天地、虛實交織的幻想明鏡

　　日落和日出團分別在下午四點和凌晨三點出團，一台車可坐八個人，大家會在旅行社門口張貼的紙上，依照預計出團的日期和排序寫下自己的名字，當天在指定時間到旅行社集合。日落團是我們的首發，同車夥伴們都蓄勢待發地把攝影工具都備妥，嚮導更趁勢搬出私房道具，若攝影比賽有「借位技巧獎」，他們必然是常勝軍。

　　夕陽餘暉下，潔白的鹽湖無邊無際地延伸，天空和湖面交融成一線，遠處

層層山巒倒映，於此隨意漫步，感受宛如時間與空間都凝結的獨特靜謐感。浩瀚蒼穹的天地融合，讓點線面形成了鏡中內外連結的新世界。在夕陽柔和的暖光照耀下，往彼端前行，腳下的水紋隨著步伐輕輕擴散出一圈又一圈的圓弧，有如自身與大自然合為一體的箇中韻味，唯有親身走上一回才能感受，那是無法用言語形容的感動。

乾季時，湖面露出以鹽為主的堅硬礦物質，整片呈現龜裂成六角形的晶體狀。

沒有孤單的旅行，只有孤單的心

　　至於三日團，則是一路南下、前往玻利維亞和智利的邊界，會直接入境到智利的北方城市阿塔卡馬。早晨七點半結束日出團行程後，我們馬不停蹄地回旅社梳洗打包，便立刻啟程。同行夥伴來自不同的國家，有德國、紐西蘭、美日混血，也算是圓了韓國旅伴Kim想要小地球村夥伴的願望。

　　由於三天都要身處於曠野之中，洗熱水澡、上廁所都變得彌足珍貴，晚上時間一到還會自動斷電，更別說是Wifi了。從另一個角度來思考，或許短暫遠離城市喧囂和科技產品，可以換來重新感受生活、熟悉自己，以及好好跟身邊人交談的一個機會。

　　我們這一團的成員，幾乎都是辭掉工作來旅行的，有人剛起步、有人已走了一年半載，嚮導笑稱我們是瘋子享樂團。能遇上志同道合的旅伴十分難得，出身背景都不同的我們，無論政治、文化、習俗、飲食、語言、旅行契機等話題都無所不談，盡情分享。輪到我時，被問到的第一句大都是：「這一路上自己一個人不孤單嗎？」

　　「沿途中會遇到像你們一樣的好旅伴啊！孤單不在於獨自一人，在於心境。」

冰山湖前的佛朗明哥紅鶴，與各種在自然保護區出沒的生物。

玻利維亞高海拔無光害
山區，繁星滿天，璀璨
閃耀。

　　旅行中，我學著和陌生人分享情感、學著在獨處時光和自己對話深談，把每一天的自己都準備好。

　　「我們預計明年結婚，想趁結婚前一起完成環遊世界的夢想，還可以趁機觀察彼此。」德國情侶笑著互看著對方；「我大學GAP YEAR。」美日混血兒說道；「我單純工作倦怠。」紐西蘭大叔則是一臉平靜。

　　每個人踏上旅程的原因不盡相同，但是在世界的某條道路上相遇了，即使只是短暫在彼此的人生中交會，依然能互相勉勵與分享，在彼此的心中輝映成一片最美好的風景。

　　傍晚，我們入住當地一處用鹽建造的旅館，從房屋主體到室內擺設，不論

因為礦業式微而形成的火車墳場，隱含了玻利維亞的時代眼淚。

魚島因為形狀遠看像魚而得名，島上長滿了巨大仙人掌。

桌椅、床等都是由當地鹽田採收的鹽製成的。我們一邊泡茶、一邊讚頌當地居民的巧思。

「倒熱水要小心啊，倒在桌上主人會生氣喔。因為一個不小心，桌子就會被融掉了。」隔壁桌的背包客團笑著提醒。

鹽屋外，天空中的星星逐漸嶄露容顏。身處在高海拔山區，沒有丁點光害，星羅棋佈的滿天繁星，就像是在夜幕上鑲嵌了鑽石，讓人目不暇給。

位於高海拔地區，呈現牛奶藍的冰山湖。

抵達邊界前，美不勝收的
風景宛如Discovery節目於眼
前真實上演。草原上悠遊自
在的野生羊駝、在巨岩間跳
耀穿梭的野兔、冰山湖前輕
盈漫步的佛朗明哥紅鶴家
族、被來往旅客餵到胖嘟嘟
的野生小狐狸，不怕生地接
近車輛討食。沐浴在此等絕

因藻類形成多種顏色的美麗紅湖。

美仙境中，身心好像被蘊藏在天地間的力量給裡裡外外都洗滌了一番，無比
暢快的感受，讓人進到這個場域，就再也捨不得離開這片淨土了。揮別前，
我們給予彼此擁抱，用層層堆起的祈願石祝福接下來的未知旅程。

　　漫漫旅程中，人與人的相遇，不亞於迷人的風景。我們不斷地重複著生命
中的相遇和離別，卻又在最剛好的時刻互許陪伴，讓旅程參雜了甘美的溫度
和回憶。就放手一搏，勇敢流浪吧！一旦展開屬於自己的旅程，存在於世界
各個角落的特別際遇，就等著我們去觸發。

Chapter 30

我要登上月亮谷！
瘋狂的沙漠單車旅

智利
CHILE

使盡全力拼命追逐的目標，
或許結尾未必會讓你激動萬分，而是找回純粹的平靜。

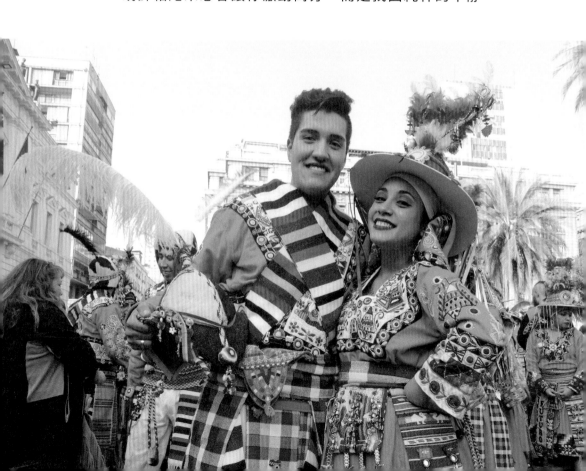

Chile

　　踩啊踩、踩啊踩，感覺身體已不受控制了！為什麼都這麼奮力踩了，腳踏車卻還是以驚人的龜速在前進？感覺終點離我好遙遠啊！「再踩個幾下就快到了、就快到了！千萬不要放棄。」已經在腦海裡自我激勵了好幾千遍，內心卻同時賭氣地想著乾脆放棄好了，下來用走的會不會比較快？反正背包客靠的不就是這雙腳嗎。

　　有時候，不論是工作、生活、興趣還是習慣，若是離開習以為常的舒適圈、換個方式嘗試，可能會萌生全新的感受、發現與眾不同的新風景。然而，也或許會毫無所獲、徒勞無功，最後懊惱著為何要浪費時間折騰自己。只不過，倘若我們沒有放棄嘗試，在經歷幾次失敗後換得一次改變自己的驚喜契機，我想是很值得的。

　　意外的收穫，總是在不經意中出現。抄捷徑或許快速，但無論是旅行還是人生的道路上，處處都存在著值得我們細細探索的人事物。

曾超過四百年未下雨，全世界最乾燥的沙漠之一

　　從玻利維亞越過邊境來到號稱是世界最乾燥沙漠的阿塔卡馬，迎接我的是塵土飛揚，既炎熱又乾燥的環境。染上一片土黃色的世界，長時間經過風和水的侵蝕，造就了像是火星地表般的奇特面貌，吸引各國到此進行火星探測儀器的相關測試。

宛如火星表面般的地貌。

月亮谷的圖騰和飛揚的智利國旗。　　　　脫掉鞋子的Kim勇渡泥濘小河。

　　阿塔卡馬也被視為全世界最適合觀星的地點，智利政府還因此嚴格要求街上的路燈不能過亮或向上照射，避免影響觀星。也由於太乾燥的緣故，水資源特別珍貴，在旅社洗衣服時，水都只會開小小的，因為老闆會神出鬼沒地出現在後方，念念叨叨地提醒：「這裡是沙漠，水很寶貴的，要節省使用喔。」

　　阿塔卡馬也是戶外活動的天堂之一，街上四處可見旅行社，無論是在沙漠中滑沙板、體驗漂浮的高密度鹽湖、火山間歇泉、觀星團等，有各式各樣的行程任君選擇，這時候根據預算和目標取向來選擇就非常重要。

　　我這次造訪此地，首要的目標就是想欣賞風貌獨特的月亮谷。月亮谷沒有大眾交通工具可抵達，如果不參加旅行團，就得自行前往。腳力好的朋友可以挑戰步行，但請務必要有被酸痛疲憊和火辣辣的太陽考驗的心理準備。

五年一次的人口普查，就被我們遇上了

　　我和韓國朋友Kim原本是決定加入旅行團的，畢竟從市區到月亮谷來回可是要三十公里左右，凹凸不平的地貌讓這條路崎嶇難行，加上天氣炎熱，若

想悠閒地觀賞月亮谷美景和欣賞日落，報團是最便利的方式了。

沒想到，「幸運」的我們遇上了五年一次的人口普查。普查這一天是智利的國定假日，有智利身分證的人都必須留在家中（雖然我們還是發現有不少人偷跑出來放風），但這天鎮上的旅行社都不會營業，月亮谷屬於國家景點，果不其然也關閉了。由於後續行程的安排無法讓我們再多待幾天，只好決定「租輛單車勇闖月亮谷」。

租好單車，出發前我還信誓旦旦地跟Kim説：「放心吧！我腳力和意志力都超強，絕對沒有問題的。戴上安全帽、準備好乾糧，我們準備出發！」沒想到一開始就不如想像中的這麼順遂。先渡過一條小河後，我們在顛簸的沙地上前進，但輪子不斷地陷入沙泥中，導致騎乘速度緩慢，接著我的單車就「落鏈」了！看著Kim鐵青的臉，我不禁開始擔憂，才出發不到三十分鐘，感覺都還沒開始，難道就要結束了嗎？

無止盡的連續上坡，考驗意志的旅程

好在遇到好心的路人幫助我們一起修車，很快就重新整備，再次上路。我們在一片空曠無際的大地上前進，被烈陽曬得渾身是汗、被風塵吹得灰頭土

看不到另一頭的無情上坡，彷彿沒有終點般。

豔陽下的單車跋涉之旅，現在轉頭回去還來得及嗎？

臉，好不容易看見了月亮谷的標記，然而這只是這段路的起頭而已。由於月亮谷沒有營業，正門是關閉的，因此我們必須繞過整整一個山頭，才有可能觀賞美麗的風景。

　　一趟堪稱惡魔單車強行軍的旅程，此時此刻才正式開始。單車大忌：上坡、風阻、高海拔、豔陽、沙漠。喔，我的老天爺啊！騎車這件事變得好難。上坡好難、沙地好難、風阻更難，一百種不應該騎單車上月亮谷的理由，在我的腦海中不斷浮現。為什麼要選單車，不租機車呢？（實際上並沒有機車可租），孩子氣的荒謬想法在路途中浮現了八百遍。應該在這種場合出現的正向積極激勵，像是什麼「再撐一下，很快就到了，撐過了，一片美景就是你的」，這時根本聽不進去，我只想著「說這些話的人，那不然你來騎」。我一邊想、一邊罵、一邊怨嘆，卻還是沒饒過自己的雙腿，繼續踩。回想起來，當時和意志力搏鬥的自己，真的非常好笑。

　　上坡途中，因為我實在太慢了，Kim因此竊笑：「有人出發前信誓旦旦地說她沒問題的。」不過他還是停下車、堅定地看著我說：「我覺得你的車是不是壞了啊？不然不可能這麼慢啊！」然後苦中作樂，一邊確認我車子的狀況、一邊用手機把我的龜速行進給錄了下來。

圈圈圍起的神祕的石陣，像極了外星人的傑作。

　　已騎到腿軟，滿頭大汗只剩半條命的我，其實中間一度很想放棄，打算直接打道回府。但一聽到他這麼說，我忿忿地回：「腳踏車沒壞，是我本人壞了！」然後不服輸地繼續猛踩腳踏車前進。Kim其實是個很好的旅伴，他知道這種情況下，任何積極喊話對我已經沒有用了，所以改用幽默的消遣方式，讓我代謝掉負能量，繼續勇往直前。有時巧妙地運用負能量，反而能變成一股驅使人不服輸地往進邁進的動力！

選擇不一樣的方式，得到不一樣的風景

　　雖然是老生常談了，但真正抵達目的地時，一望無際的月亮谷出現在我們的面前，那份感動真的從內心滿溢而出。當下沒有其他觀光客，只有我和Kim兩人獨享這片靜謐又壯闊的景觀。我們什麼話也沒有說，各自選了一塊岩石靜靜地坐著。俯瞰著整個月亮谷鬼斧神工的地貌，白鹽就像糖粉般覆蓋了整片大地。夕陽下，視野中的色彩也隨著時間推移變換。陽光灑落，微風吹拂，先前的疲憊與煩躁彷彿被隔絕於這個世界之外。在悠久時空與浩瀚大自然的眼中，我們就是如此渺小。

　　讓身心都沉澱之後，想起了沿途隨時都要爆炸的自己，那個暴戾的身影逐漸模糊、消失無蹤。我在內心對自己和眼前的景緻說了聲「謝謝」，感謝自

己做了這項嘗試。或許參加tour很輕鬆，但這是參加旅行團絕對無法經歷的風景。辛苦過後，我由衷慶幸自己選擇了不一樣的方式，收穫了別人或許無法收穫的驚喜，被自己獲得的東西深深地觸動內心。

離開前，我們搭了自己的祈願石向月亮谷致敬。這趟穿越沙漠的單車之旅，成為我們既痛苦又美好的回憶。回程的下坡也非常刺激，兩小時騎上來的路程，竟不到十分鐘地咻一下就結束了，對比去程時的折磨，真的好不真實啊。

Do what you can't。我真心建議想一訪月亮谷的朋友們，不妨嘗試離開舒適圈、給自己來一場無畏的挑戰，無論在過程中經歷了什麼、無論在目的地發現了什麼，相信都會成為只屬於你的珍貴寶藏。

搭起祈願石，向眼前偉大的月亮谷致敬。

Chapter 31

聖保羅與里約
的頂尖對決

巴西
BRASIL

城市的魅力與面容，
來自於在此開展的人類生活與環境激發的化學效應。

　　提到巴西，無論是熱情奔放的森巴嘉年華、大地之母亞馬遜雨林還是天才輩出的足球好手，都是足以站上世界舞台、代表國家的象徵。在世界盃足球賽的催化下，對於巴西我有著莫名的憧憬與期待，因此到當地最想做的一件事，就是親身感受足球賽事現場的熱力奔騰。要離開智利前，我早已迫不及待地連繫當地友人，準備展開深入森巴國度的探險之旅。

　　她是Iza，是過去我停留巴塞隆納期間的室友，當時她正在西班牙學習正統西文。巴西雖位在以西語為主的南美洲，官方語言卻是葡萄牙語，雖同屬拉丁語系，在書寫上與西語也十分相近，但發音上卻有著相當大的區別。使用葡語的人容易理解西語，但西語系人士卻要學習並適應後，才能聽解葡語涵

張開雙臂的救世基督像，是博愛及獨立的精神象徵。

贏球後打鼓作樂的死忠球迷們。

義。而且南美的西語會因國家和區域，在發音及解釋上略有不同，這些原因也促使她前往西班牙學習正統語言。

熱情開放的巴西，我們哪裡不一樣？

Iza得知巴西是我期盼前往的夢想國度時，便要我到時一定得到她的家鄉聖保羅作客。「溫蒂，你身上蘊藏了很出色的能量，期待你繼續旅行並在各地得到更多的養分，我在巴西等著你來喔！」她笑著說。

抵達前，Iza早已跟我確認了好多次喜歡的料理、想去的景點、路線安排，除了陪我一起研究行程外，她更介紹了幾種巴西特有的文化，叫我屆時一定要好好觀察。

一、「可以親你嗎？」對巴西人來說，吻是最直接的情感表達，也是文化禮儀。

二、注重牙齒保健。牙齒不美可是交不到男女朋友的。

三、早餐搭配戚風蛋糕。巴西人喜愛甜食，有著「甜一點會更美好」的生活哲學。

和救世基督像自拍，我們連線變成鐵三角組合。

台灣人常說ABC是最難拿到簽證的南美國家，A代表Argentina，B是Brasil，C是Chile。C目前已經免簽囉！

四、麥當勞是當地交際凸顯身分的一種選擇餐。餐點價格居全球之冠。

五、飛機有時比巴士的價格還便宜。

到Iza家作客時，我就深刻體會第三點的真實。Iza的母親每天早上都會泡一壺咖啡，咖啡總是甜滋滋的，如同她的笑容。每次看著她大匙大匙地加糖進去，經過三到五分鐘的熬煮後，她總會用小湯匙嘗嘗，並看著我說：「嗯！完美的咖啡，完美的一天。溫蒂，要不要再配塊戚風蛋糕啊？」

Free Walking Tour，重新認識自己的家鄉

「在這裡生活二十幾年了，這還是我第一次參加城市導覽，聽她的故事。」Iza興奮地說道。為了帶我認識家鄉，她報名了兩場導覽活動，分別是塗鴉文化和城市歷史。

Free Walking Tour其實在歐洲和南美十分盛行，最大的特色在於他們會把一座城市的精華，濃縮在兩小時左右。導覽員會有效率地規劃步行路線，講

蝙蝠俠巷中細膩的創作。

解歷史文化、熱門景點、當地美食等，將最值得推薦的地方介紹給來訪的旅客，快速建立起你的「城市大綱」。當導覽結束後，可依個人喜好決定想要深入或重遊的地點，對於事前沒有做功課，或是獨自一人會感到不安的旅客來說可說是最佳選擇。名義上雖為Free，但結束後為感謝導覽員的細心解說，旅客還是可以隨喜的方式進行樂捐，讓這群志工能夠延續這個意義非凡的活動。

我們穿梭在塗鴉聖地蝙蝠俠巷，幽默反諷的彩繪牆面，吸引了來自世界各國的塗鴉好手前來較勁，每隔一段時間，新的畫作便如雨後春筍般冒出。

塗鴉師拿著自己彩繪的小圖，比對牆面大圖。／城市藝術創作

「在聖保羅，塗鴉不僅是藝術，更是自我意識形態的表現。」

「你的黑夜，是他的白晝。」

　　導覽員形容神出鬼沒的塗鴉師總是在一夜之間為人們帶來驚喜。而聖保羅市長也十分支持街頭藝術的發展，形容這些塗鴉「反映了城市的真實面貌」。

　　「我繪故我在」是塗鴉工作者的驕傲，看著街頭藝術隱匿的細節和涵義，宛如在訴說著：「這是我們的城市！藝術的解放！」經由導覽員的深入解說，我們既滿足又感慨，原來自己日復一日生活的城市竟匯集了這麼多故事。不禁讓我自省在大台北生活這麼久的自己，卻從未好好探索過她。或許，在為他國文化感到驚豔的同時，也該意識到，自己成長的家鄉也蘊藏著過去被我們忽略的極致美麗。

百變里約，想一睹救世主耶穌就兩手空空上山吧！

　　「里約？沒有我們聖保羅好玩啦！」Iza不以為然地說。

　　里約熱內盧和聖保羅之間，存在著一種有趣且微妙的競爭關係，如同東京和大阪間的暗自較勁。聖保羅是巴西第一大城，文化蓬勃且經濟繁榮，白領階級心無旁騖地工作，締造出經濟奇蹟，也建立起實務為重的驕傲；相反的，里約是享樂放縱之都，海灘上四處可見比基尼辣妹隨著音樂扭腰擺臀，加上酒館林立的夜生活文化，刻劃出當地歡樂的生活寫照。高聳的糖麵包山以及遠近馳名的救世基督像，則吸引海外遊客不斷地湧入。聖保羅人批判里約是膚淺的享樂主義，里約人則笑聖保羅古板又不懂得生活情調。

　　「我從伊瓜蘇抵達里約了，飛機真的比巴士便宜一半耶！」我驚喜地說。

　　「里約還是有值得一看的地方啦，可是要注意貧民窟區域，不要亂走喔。」Iza細心地提醒。

遠方的糖麵包山，以及南方最知名的科帕卡巴納海灘。／馬賽克瓷磚瑟拉隆階梯

里約治安問題的猖狂，據聞連警察都敬畏三分，不論是旅遊書還是當地人都告誡著到這裡務必要謹慎小心。Iza的朋友就曾在里約街頭被槍指著頭搶劫，更何況我是隻身一人的外國旅客。

「我想登上科科瓦多山頂去看基督像。」

「那你什麼都別帶，兩手空空的去，不然你十之八九會被搶。」

「真的假的啦！那種人山人海的觀光景點也會有事？」

「你要嘛就帶槍，否則就什麼都別帶。他們在半路就等著洗劫你們這些傻傻的觀光客」。

這座七百一十公尺高的小山沒有叢林猛獸，卻有凶猛歹徒，雖然聽聞沿途美景值得一看，但最後還是選擇搭乘火車直達山頂。火車票比門票還貴，或許這票價就是避免荷包被搶的保險費吧！而且金錢誠可貴，生命價更高。

俯瞰山下的城市全景，山巒、街廓、海景盡收眼底。我抬頭仰望著張開雙

《族群》。萬花筒般的繽紛用色,為感官注入一劑強心劑。

臂的耶穌基督，那是博愛精神和對獨立讚許的表徵，也代表祂擁抱每一位來自世界各地的旅客。我閉上雙眼深呼吸，感受這片由人文與自然交織而成的心曠神怡景色，或許，這就是造就里約人悠然自得又處變不驚的原因吧。

就差一里奧！貪吃鬼溫蒂的危機

　　細看里約，也會發現她如同一位大藝術家，不斷展現出獨有的樣貌和風采。原本殘破不堪的貧民區，在當地藝術家改造下重生為景點「馬賽克瓷磚瑟拉隆階梯」。火紅鮮豔的兩百五十階來自六十幾個國家、超過兩千片的捐贈瓷磚，融合跨界元素、讓時尚雜誌和藝人MV爭前搶後地來此取景。而令人震懾的世界級超大壁畫《族群》，創作者Eduardo Kobra表示：「透過五個不同民族的臉孔，我想讓全世界的人知道，儘管我們曾經歷過許多爭執混亂，但每一個人仍是團結一體的。」

里約的夕陽餘暉風光。

　　越探索，越發深陷在這迷人的城市裡。對喜歡用步行來認識城市的我，從住宿地點走進城區，約莫要十五公里的路程。由於Iza耳提面命，每天我只在身上帶點小零錢，將貴重物品鎖在旅社就輕裝出門，走訪大街小巷、逛逛當地市集。有一天夜幕低垂，準備搭捷運返回旅社時，我掏出身上僅有的零錢細數，才發現錢包已經空了。

　　這才記起昨晚去超市買菜後忘了補錢。由於平時鮮少搭車，警覺性因此降低，好不容易勉強湊了點，但還差一里奧，也想起下午因貪吃而買的麥當勞蛋捲冰淇淋，就剛好一里奧。

　　「為什麼要嘴饞貪吃啊！」我滿是懊惱，想著回家的路好漫長，十五公里的路至少還要再走幾個小時。除了夜深不安全外，重點是我已身心疲憊了啊！

　　想搭捷運的慾望戰勝一切，我決定還是走去捷運站碰碰運氣，由於巴西信用卡小額支付十分盛行，連小市集攤販都提供刷卡服務，想起「一卡在手，希望無窮」的經典廣告，我祈禱著站內也有信用卡售票機台。但希望很快就幻滅了，空空如也的站內僅有兩個人工售票窗台。我膽怯地將自己的信用卡加上僅存的里奧推進窗口，站務員迅速地把卡推出來，露出微笑：「再一元。」

　　啊啊，我少了關鍵的一元啊！面紅耳赤的我不死心地再次推入信用卡，後方排隊的巴西媽媽或許意會到我的窘境，笑著跟站務員說了幾句，而這次推出來的，就是一張車票，我開心地不停道謝。

　　身在異鄉，總是在這種危難時刻，就更能感受到互助的溫暖與重要性。當我們造訪一個地方時，總是會以國家、民族、城市、文化等表徵來確立基本認知，然而回歸到人性本質，其實良善與包容理解的因子，是跨越各種隔閡的存在。《族群》想訴說的理念，應該也包含這層道理吧。

Chapter 32

被美麗世界綁架的溫蒂，
真的在非洲被綁了

坦尚尼亞
TANZANIA

三個傻瓜綁匪與一個天真旅者，
黑暗的出現是為了襯托陽光的存在。

坦尚尼亞的東方明珠──桑吉巴的美麗夕陽。

　　位在東非的坦尚尼亞，鄰近肯亞和烏干達，境內的吉力馬扎羅山有「非洲屋脊」之稱，除了是非洲最高的山，也位列聯合國世界遺產之一。這裡擁有八個國家公園和兩個動物保護區，動物與生態資源就幾乎占了全非洲的四分之一，可說是匯集自然恩惠的寶庫。

　　耳聞坦尚尼亞有個宛如世外桃源的熱帶島嶼小城「桑吉巴」，她是十九世紀印度洋著名的貿易地帶，也曾是世界上最大的丁香產區，有香料島嶼的稱號。遺世獨立的她，由於地理環境特殊和宗教信仰，成立了桑吉巴半自治

區，一度想脫離坦尚尼亞的統治，自行獨立。在桑吉巴的港口和飛機場，還設有自己的海關檢查區呢。

在島上待了將近一星期，結識了不少非洲兄弟姊妹，穿梭在世界遺產石頭城的巷弄中，欣賞著精細的木雕、與海豚在牛奶色海洋裡共游、和當地人在全島斷電時享用道地的燭光晚餐、走入部落，居民用竹子編織幸運環送給我當禮物。在桑吉巴開啟非洲的序章，讓我不自覺揚起開心的笑容，更期待接下來在坦尚尼亞的旅程，但此時此刻的我，還不曉得自己接下來即將面臨一場大危機。

突然就被推上車。啊！是綁架嗎？

離開桑吉巴的早晨，清晨六點的船加上海況不佳，船搖搖晃晃地行駛了約莫兩個鐘頭，以至於抵達三蘭港時，我整個人昏沉沉的。穿過重重吆喝的計程車司機們，我走向公車站準備買票前往巴士總站。

下車後連忙奔跑，深怕最後一班巴士開走，就得在三蘭港多待一晚。就在途經一條小路時，突然間，我連人帶包被用力一推，進到一台老舊的車內。

由於一切發生的太突然，意識過來後，只見車上有三個壯碩的黑人男子

（以下簡稱黑臉、白臉、嘍囉）。我們相互大眼瞪小眼，空氣凍結了十秒後，我主動開口：「請問，現在是要搶我嗎？」他們點點頭。

我嘆了口氣，心想真倒楣，同時開始盤算，我將身體緩緩往車門方向移動，想學電影那樣等車門一開就往外倒，頂多在地上滾個幾圈受點皮肉傷，但他們似乎察覺了我的意圖，立刻將門鎖上。

「別打歪主意，乖乖配合，把現金和提款卡交出來。我們只要錢，錢拿到就放你走。」

「你挑錯人了，我只是個窮背包客。我邊打工邊旅行，身上沒什麼錢。」

由於這趟旅程是首次超長途旅行，出國前，我杞人憂天地辦了多張海外提款卡，將它們分別藏在不同地方以備不時之需。我乖乖說出被搜出卡片的密碼，心想只要平安活下來就好。

「按了兩次都顯示錯誤，第三次卡片就要被吃掉了，她是不是騙我們！」黑臉提款未果，打給白臉控訴。由於領不出錢，他們開始翻我的包包，企圖找出一些有價值的東西，值錢的3C產品幾乎被搜刮一空。

我的非洲兄弟姊妹們。

此時，不曉得哪來的勇氣及哪根筋不對，我開始對被搶走的東西討價還價，像是記錄旅行過程的記憶卡絕對是無價之寶！

「記憶卡對你們沒用，但那是旅行者的回憶，可以還我嗎？」我拍了拍黑臉的肩膀。結果他二話不說就順手還我了。哇，這一還，可激發了我的無限鬥志。

「皮夾你拿走，上面的鑰匙掛環可以還我嗎？那是朋友送的紀念品」、「Apple筆電很舊而且很重，可以還我嗎？」、「那，你知道暈車症嗎？我很容易暈車，需要聽音樂，iPod也可以還我嗎？」

「不行！你話很多，乖乖坐好不要再吵了。」起初還願意把東西還我的黑臉，此時也失去了耐心。

車子一直不停地在巷弄間來回打轉，非洲很多地方的基礎建設還不是很完善，有些小徑仍是土石夾雜的道路，車子駛過時，發出咚隆咚隆的聲響。

「可以不要一直開這種路嗎，我剛有說我容易暈車。還有我可以喝水嗎？我好渴，而且從昨晚到現在都沒吃東西，也很餓。」

「喝！喝！喝」嘍囉不耐煩地回答，似乎對我這聒噪的亞洲女生感到很無奈。

「那，壓在我身上的腳可以移開嗎？天氣很熱很黏有點不舒服。」語畢，似乎餘光瞄到他翻了個大白眼。

「快給我們正確密碼，我們只會領兩百美金，不多，收據會給你。」

黑臉企圖對我動之以情。但我一聽，不禁嘴角上揚。即便身處在如此危急的情況，還是覺得很幽默。心想他一定會提很多次，最後只給我一張收據，哪個笨蛋要相信啊！

數小時過去，我從包包各個角落將自己僅剩的美金及歐元湊一湊。

「這是我全部的錢了，差不多三百美金，三個人各一百剛剛好，放我走吧！」

「這點小錢怎麼夠！」黑臉抱怨著。這一說，我理智線瞬間斷裂。

「你不是說只要兩百美金？我給的金額還超出你的期待耶，你說我騙人，你才騙子咧。我就沒錢，不然你就殺掉我好啦！」我氣炸了。

黑臉也怒了，他從駕駛座轉身揮了一拳，不偏不倚地打在我的左眼上。

「不要吵！這不是在開玩笑。這裡是非洲，我們可以殺你或強姦你，把你丟在路邊。而且也不會有人理的。」他怒吼著。

「好啦好啦，沒事！溫蒂她會乖乖聽話的，對吧？」白臉開始打圓場。

被打後，雖然瞬間愣在那裡，但腦中瞬間閃過「要不趁勢裝哭，博取一下同情」的策略。然而醞釀了一下情緒，發現自己哭不出來後，立刻放棄這個念頭。我拍拍黑臉的肩膀，又勇敢地問：「欸，我真的沒錢了，等等放我走的時候，手機可以還我嗎？」

「閉嘴！」他們三人同時大喊。

無厘頭的搶匪及搞不清楚狀況的肉票

時間一分一秒過去，車子持續打轉，僵持了將近四小時，我又餓又累，不曉得何時才能脫困。那三人似乎也想不到新招，根本是浪費時間。突然間，車子在一個小攤販前停下，我還天真想著是因為知道我肚子餓，所以要買東西給我吃嗎？後來才知道是買網路卡，然後要我解鎖手機啊！

「輸入手機密碼！」但是我根本記不太起。複雜的組成總是讓我一次又一

次地使用「忘記密碼」功能。加上手機已經很老舊了，輸入時會自動連按。

「不要再鬧了喔！」黑臉此時臉都垮了，低聲說道。

「它舊了，毛病很多，不然我唸給你聽，你來按。」我心想要是再想不起密碼，可能真的要被殺了。幸好，憑著微弱的記憶力，終於輸入成功。

「等等放你去ATM，提出錢來，手機、相機都還你，一手交錢一手交貨。」

「好，可是我背包拉鍊壞了關不起來，我修一下，你等等！」本來應該要把握機會盡快下車，但被硬拆的大包物品四處散落，開花的拉鍊關不起來著實讓我苦惱，我在後座狼狽地重新整理。

「欸，你幫我用力壓包包，這樣拉鍊才關得起來」我甚至使喚起嘍囉來。

「你不幫我，等等包包關不起來，一下車大家都會知道你們搶我喔。」

他一聽，無奈地起身、使力將包包壓上。下車時，黑臉甚至還幫我將大包拎起上背。

「等等你走到盡頭向右轉，第一個路口左轉就有ATM了。」

沒想到當我走到盡頭，悄悄地往回望時，他們的車早已消失得無影無蹤，只剩我傻在原地，一時半刻不曉得該怎麼辦。沒有手機、不知道自己身處何處，我想攔下路人請他幫忙報警。

「要不要我載你去警局？」一台時髦的休旅車停下詢問狀況後，駕駛溫柔地問。

我下意識地往後退，駕駛才發現我仍然驚魂未定。他請當地居民聯繫了類似里長伯的人，找了人力車送我去警局報案。

落難時的救助天使，來自各方好友的奧援

　　簡陋的茅草屋頂、空曠的水泥辦公室，房間內只有幾張木桌木椅。警長帶著我去警局外的小吃店先吃了點東西，便開始做筆錄。他安慰我這算是不幸中的大幸，由於三蘭港近年有許多中國人來做生意，華人面孔對當地人而言，就是一種富裕的象徵。錢財損失不大還能平安全身而退的我，其實已經非常幸運了。

　　警長詢問我接下來的規劃，幸好和綁匪討價還價的過程中拿回了筆電，我連上局內的傳統網路，聯繫台灣的好友們尋求協助，由於怕家人擔心，我只告訴他們東西被偷了。在各路好友的協助下，聯繫了外交部、外貿協會。由於最近的南非聯絡辦事處離我有四千多公里遠，最終聯繫到當地台商提供協助。

　　先前在桑吉巴認識的朋友穆漢默迪，當時留下了聯繫電話，警長打給他時，這個認識不到三天的朋友，義不容辭地聯繫了三蘭港的好友前來幫忙。電話那頭的他告訴我：「溫蒂，沒事了，我最好的朋友會過去幫你，他是可以相信的人。很抱歉你遇上了這種事，但一切都會沒事的。」

　　聽完後，我開始放聲大哭，似乎要把至今累積的恐懼和擔憂都發洩出來，警局內的大家輪流安慰我，分別在日記本上一一寫下聯絡方式，要我後續有狀況都可以聯繫他們。

　　「你護照還在，要不要先回台灣一趟？」警長問。

　　「我沒事，東西都還在，我想繼續把旅程完成。」

　　「那之後還會回坦尚尼亞玩嗎？」

　　「我不知道，我剛被搶，還被揍了一拳。或許現在不想，明天可能就想了。」

「好一個勇敢的台灣女孩。」警長露出了笑容。

幾小時後，穆漢默迪的朋友哈桑尼來了，一路護送我安全抵達台商所在的飯店，還約定好明天會再來陪我。台商邀請我一起用餐，過程中不斷有電話打來，都是在詢問是否已經順利接到我。

「溫蒂，你到底是誰呀？各路人馬狂打電話在追問你的下落耶。」台商打趣地說。

聽了整段經歷後，台商和飯店老闆不僅借了應急的救命錢給我，還好心地要我先把事情辦妥，期間的食宿他們全包，讓剛剛歷劫歸來的我備感溫暖。

漫長的一天終於平安落幕，回房休息時，我看著鏡中被揍成熊貓眼的自己，再度掉下眼淚。但我告訴自己：「這是你選擇的旅程，不管遇上什麼都要勇敢面對。」這些都是旅程的一部分。失去的，能用錢解決的話都是小事，只要平安，其他都不重要了，重新整頓後再出發就好。

看著房間角落裡那個原本厚重的大包，似乎因為被搶而消扁了一些。「好吧！至少包包輕了一些，背起來可能沒那麼重了。」

穆漢默迪（右二）教我很多當地語言，並邀請我和他的朋友家人一起用餐。

Chapter 33

誠摯溫暖的友誼，
不求回報的非洲KAKA

坦尚尼亞

TANZANIA

事情的好壞真如表面所見嗎？
或許從中衍生的意涵與後續，才是更值得我們重視的存在。

把我當親妹妹照顧的畫家KAKA，他的畫作以動物為主，充滿了無限的繽紛生命力。

　　歷劫歸來，我先在三蘭港停留，等待重新整備後再出發。旅行也是人生的一部分，不是每天都會很順遂的。沒有太多的怨天尤人，也沒有一蹶不振，取而代之的，是冷靜且坦率面對問題的自己。慶幸的是，落難時身邊的人都願意對我伸出援手。

　　哈桑尼，穆漢默迪的好友，從警局一路護送我到台商飯店的當地人。我稱他為KAKA，是非洲史瓦希里語「哥哥」的意思。在三蘭港重新整理心情的每一天，都有他的陪伴和悉心照顧。

　　三蘭港，意為和平之家，是坦尚尼亞最大的城市，也是主要經濟都市，早期曾為首都，鄰近印度洋又擁有天然優良港灣，成為坦尚尼亞及東非國家主要的海港城市，也因此各方人士於此龍蛇混雜，貧富不均的問題在這裡一覽無遺。看向金碧輝煌的富豪渡假村，再對比無家可歸的遊民，KAKA説：「生活的困苦，讓有些人迷失了方向。」

　　被搶的隔天，KAKA説好要帶我去採購必需品。當天一早，我坐在大廳門口等待，離約定的時間已過半小時，還沒看見他的人影，我越等越心慌，心想他是不是也和其他人一樣欺騙我。在我打算放棄，準備回房間時，他終於出現了。

KAKA與他的好朋友們，陪我一起度過在三蘭港的重整時光。

「我以為你不會來了。」我邊哭邊說。

「我答應你了，就一定會來。」

蟄伏卻充滿靈魂的畫家

一路上他護著我，對於不懷好意的人一概打發走，避免我再受到多餘干擾。擔心我待在飯店無聊，還帶我去了工作室。KAKA是個畫家，一年前在桑吉巴的店面由於生意好招人妒忌，被人惡意放火，於是他回到三蘭港重拾畫筆，以非洲動物及土著為主要創作題材。三蘭港其實也是坦尚尼亞TingaTinga土著油畫風格的發源地，成為不少歐美人士來旅遊時會選購的禮物。他就在這邊作畫販售，為生活打拼。幫業主油漆彩繪店面時，我就跟在旁邊協助當助手。

在三蘭港停留的一週，KAKA每天都到飯店接我，晚上再送我回去，這段三公里的路程，他都選擇步行，僅是為了省下不到台幣十元的公車錢。相識不久，卻待我如親妹妹般，他詢問了我接下來的行程。

「如果可以的話，我很想陪你走完接下來在坦尚尼亞的城市，我希望你平安，不要再遭遇危險的事了。」

其實我很清楚他並沒有多餘的錢陪我走後續的行程。貧富差距甚大的非洲，要維持基本生計已經很不容易，但在不富裕的情況下，KAKA還是盡力想為我多做些什麼，而且未曾跟我要求什麼回報，就是如此純粹的關心。原來世界上還是有很多即便才認識不久，卻不求回報、願意給予關懷的人。旅行，讓我體驗到互助溫情的甜美果實。

帶著KAKA的祝福和鼓勵再度出發

回警局確認案情後續，順便感謝所有幫助我的人。當地華人報社的記者，還規劃將我的遭遇寫成報導，以警惕當地華人，畢竟不只有我被視為待宰肥

羊，類似的狀況每隔一陣子就可能再發生。

決定好出發日期後，KAKA陪我再次回到事發
地點買票。到了現場，我還是忍不住恐慌起
來，眼淚也準備要潰堤，他注意到我的不對
勁，便握住我的手。「別擔心，我會陪著你，
沒事的。不要哭，一切都很好。」他找了間可
靠的民營巴士，確認好時間班次。我預計前往
北方距離大約五百五十公里的莫希，車程約九
小時。當天，KAKA依舊在六點來飯店接我，陪
我一起搭去車站。像哥哥一樣，他一路陪伴我
直到上車，在位置上坐定。

「照顧好自己，不要太輕易相信他人，祝福
你接下來的旅程一切都安好，也希望未來有一

業餘小畫家的我，繪製了夢想計畫
活動的布條，讓小黑十分開心。

天我們可以再見面，好嗎？」

那個瞬間，我的眼淚再也忍不住了。感謝上天派給我這些天使，讓我在異地隻身無助時，還知道自己並不孤單。

咖啡小農計畫，我們一起走進社區

抵達莫希後，我在入住的青年旅館認識了來自香港的小黑。他是來坦尚尼亞推行非洲咖啡小農計畫的創業家，由於計畫在當地已推行一陣子，附近居民幾乎都認識他，加上他長得很像泰國拳王，當地人都謠傳他會武術，所以不敢惹他。

小黑的計畫，緣起於幾年前他來挑戰非洲最高的吉力馬札羅山，當時他的挑夫Pac整個家族都是咖啡農，由於生計困難，年輕一輩都出外兼職。Pac在超過五千公尺的高海拔協助登山者背起所有行囊，只為了多賺點工錢，但這樣的工資依然微薄到不行。他的真誠打動小黑，回香港後便決定透過咖啡夢

我們在村內的牆上彩繪計畫的LOGO。

想計畫，直輸採購非洲農民的咖啡豆，予以實質的監工幫助，並用回饋的採購價幫助他們改善生計並優化社區。

　　我抵達的這天，他正好要將咖啡小農夢想計畫推上線。他預計週末到村落，並將活動LOGO繪製在村落小農房屋的牆上。原本預計找當地畫家，但聽我說了KAKA的故事，他便希望由KAKA來做這件事，讓計畫變得更有意義。

　　「我願意負擔他的來回車錢和工資，你請他過來吧。」

　　我喜出望外，如果能以這種形式再次與KAKA碰面，是再好不過的事了。於是在命運的神奇安排下，我們真的在莫希重新相聚。

　　「那天送你去車站，看到你哭，我也很傷心。我有為你向神明祈禱，祈禱你平平安安，不要再遇到壞人，也不要再有任何危險的狀況。也祈禱我們有機會再見面。沒想到真的應允了。」他開心地說。

　　繪製工作由我打底草稿，KAKA負責上色，我再協助收尾。小黑忙著和農民確認生產狀況，也同步拍攝紀錄影片及相片，作為後續宣傳使用的素材。由於資源有限，採收及脫殼都還是依賴人力。而且咖啡豆一般在日曬前，需要用水清洗豆子，在水資源有限的情況下，除了挖掘地下水或使用純淨的高山水養育咖啡豆外，日常使用的民生用水都是從距離兩公里外的城鎮，每天一桶一桶頂在頭上徒步運回來。就這樣，我們一行人忙進忙出一整天，終於完成了這項任務。

　　晚間，我們在頂樓吹著涼風仰望星空，看著一旁累壞卻心滿意足的KAKA和小黑，我不禁想著，或許老天讓我在非洲遇到那場綁架案，就是為了和他們相遇吧！讓我在面對困境時，能勇敢堅強地面對，也讓我更堅信人性的溫暖美好。

　　是不是真的如此，我也不知道。只是一想到那起事件，內心深處不免還是會時不時浮現出怒吼。

　　「把我的手機和相機還來啊，你們三個混蛋！」

Chapter 34

野性的呼喚，
在大草原上見證生命的力量

肯亞

KENYA

從文明社會回歸原始且壯闊的大自然，
讓人對生命的意義有更深一層的體悟。

在這片大草原中，任何存在都顯得如此渺小。

　　有「東非十字架」之稱的肯亞，是人類發源地之一，東非大裂谷將肯亞分為兩半，恰好又與橫貫的赤道交叉，因此獲得此稱號。由於多變的氣候與地貌，自然資源十分豐富。曾為狩獵天堂的她，每年六月中旬到九月，都會有上百萬隻羚羊、牛羚、斑馬、獅子等從坦尚尼亞的賽倫蓋蒂草原橫渡馬拉河，過境來到馬賽馬拉保護區，數量及種類豐富驚人，讓世界各地的旅客都趨之若鶩、前來一睹風采。而我也不例外，兒時在Discovery頻道所見的野性

世界，那震撼人心的場面歷歷在目，現在終於有機會踏上這片草原親眼目睹原始大地那撼動人心的自然律動。

因為我們都來自台灣，患難時的及時雨

揮別KAKA後，我從坦尚尼亞搭乘小巴前往肯亞。由於發高燒讓我整個人昏沉沉的，新買的手機也不太靈光，地圖無法精準定位，抵達首都奈洛比時，我根本不曉得自己身處在這個城市的何處。正想拜託司機大哥直接戴我去飯店時，只見車窗外有人舉著寫有我名字「Chia Wen」的牌子。

「天啊，騙子也太專業了！怎麼會知道我要來奈洛比，還知道我的全名？」一朝被蛇咬、十年怕草繩，雖然驚慌但也同時欽佩起非洲騙子的專業。後來才知道原來是在坦尚尼亞遇見的台灣人Ray知道我被搶後，擔心我一個人到肯亞沒照應，特別拜託他在當地曾聘用的導遊來車站接我。安全抵達飯店後，才發現Ray連費用都一起付清了。

「我怕你為了省錢又找青年旅社。飯店這區比較安全，花點小錢，平安最重要。」

Ray是我在桑吉巴認識的朋友，剛畢業沒多久的他和愛旅行的阿姨一起來非洲旅行，由於自由行的台灣人不多，我們交換彼此的旅遊資訊和行程。Ray比我提早一週抵達肯亞，原本預計一起參加Safari行程，沒想到因為搶案耽誤了我的計畫。他得知後不但安排了住宿，還留了泡麵給我，千叮嚀萬囑咐我要記得吃，不要丟掉。

我打開那袋捆了一層又一層的包裹，裡面有兩碗家鄉味十足的肉骨茶泡麵，碗下的縫隙處，還藏著用衛生紙包著的紙條和錢。

「溫蒂，希望你接下來的旅程一切平安，好好享受肯亞的風景，這些錢先應急用，記得好好吃飯照顧身體！回台灣再相見！」紙條上短短幾行字，讓

我感動得潸然淚下。Ray留了四百美金給我，只因為擔心我身上沒半毛錢。因為我們都來自台灣，他就毫無保留地信任和伸出援手。

被搶後的衝擊讓我不敢在非洲銀行提領現金，深怕再度被當成目標，對僅剩不到五十美金的我來說，這就像一場及時雨。我打給Ray，一把鼻涕一把眼淚地道謝。

「我們都台灣人啊！有困難就應該互相幫忙，我還擔心你吃完泡麵直接把碗丟掉咧。」電話那頭的他笑著說。

我邊哭邊吃，告訴自己要記得此刻的感恩，在接受別人溫暖幫助之餘，未來也要懂得付出與給予，別忘記在遭遇困境時，要記得抬頭看看隨即到來的希望和光芒。

旅行中的人間百態，有溫情，也有醜陋與貪婪

遠在地球另一端的台灣摯友團也為我張羅了手機、相機、美金等補給，要透過DHL漂洋過海快遞過來。但收到通知後，包裹卻一直處在清關狀態，詢問後才得知海關懷疑裡面的3C商品是販售用的，需要課稅後才能領取。

透過駐肯亞外貿協會的Gary協助，我攜帶護照、警察局開立的竊盜證明前往DHL機場辦公處，和負責人說明這些物品是個人所有。穿上專用背心進入被層層柵欄隔開的貨物存放區，在DHL及海關人員的見證下拆封檢查。期間我們有說有笑，他們看到我蓋滿各國印章的護照，得知我正在各地旅行。

「好羨慕你阿！也把我們裝進包包去旅行啦。」員工A說。

「我們會盡力幫你的，放心！」海關B拍胸脯保證。

看著他們一一盤點，氣氛又融洽，我不疑有他。海關確認後，請我到櫃台繳四十美金即可領取，雖然覺得課稅不合理，但也別無他法。離開前，A領

著我的包裹走向另一區和他人閒話家常，三十分鐘後才出來請我簽收。他眼神飄移，也不如剛剛那麼熱絡，遞交後連聲再見也沒說就匆匆離去了。

回程中，我一邊讀著好友寫的打氣小卡一邊確認物品，才發現藏在貼身衣物中的美金被扒走了。我腦中一片空白，想著好友寄送前曾說：「我在內衣兩邊襯墊中各塞了六十和四十塊美金，你要注意胸罩大小奶。」原以為最安全的做法，沒想到卻還是逃不過貪婪的魔爪。

「非洲貧富差距大，生活不易，就原諒他們吧。」Gary試圖安慰我。

然而，想起先前有說有笑、保證幫忙的態度，現在只感到受傷又無奈。但換個角度想，他留下了四十元沒拿，或許是在貪婪之中還存有的一絲良善吧。

Game Driver初體驗，捕捉動物大遷徙的壯闊場面

每年七到九月是觀看動物大遷徙的最佳時節，數以百萬的生命在這片草原為了生活而奔馳，據說這趟旅程只有百分之三十的幸運者能回到出發地。千

慵懶打哈欠的萬獸之王──獅子。

牛羚與斑馬群分佔一方覓食，集體行動也能降低危險。

捕食與白骨，在這塊自然原始的土地上單純只是生命的循環。

載難逢的體驗絕不能錯過，於是我報了三天兩夜馬賽馬拉國家保護區的行程，準備親眼見證。

　　保護區內動物的種類和數量都很驚人，被公認是世界上最棒的野生動物區之一。一望無際的非洲大草原，展現魅力無窮的神祕面貌。在這邊可以見識弱肉強食的自然法則、欣賞日出日落的絕佳美景、感受原始生態和生命更替的衝擊。每年遷徙必經的馬拉河，更考驗著動物的智慧和生存之道。

每年七到九月的動物大遷徙，將經歷無數個攸關生命與繁衍的時刻。

　　Safari在當地語代表「旅行」，馬賽馬拉則為「馬賽人斑駁的草原」，而「Game Drive」可不是遊戲或競賽，而是一種充滿挑戰的野外巡遊。嚮導會開著吉普車於荒野中找尋動物，再用無線電互相通報位置。眼觀四面、耳聽八方，長年累積的經驗判斷，決定了巡遊的效果與感受。

　　清晨時分及夕陽西下，是最容易看見動物狩獵的時機，坐在敞篷吉普車上，我們殷切期盼見到獵補的瞬間。獵豹藏於草叢後，悄然無聲地觀察瞪羚，準備在適當的時機一躍飛撲；母獅在草原上，悠哉享用能快速補充能量的內臟大餐；禿鷹則在一旁蠢蠢欲動，等待大啖殘食。能夠看到什麼動物是很看機緣的，開上一兩個小時仍一無所獲也是常有的事。

　　嚮導熟練地駕車奔馳，領著我們去棲息地找尋神出鬼沒的動物群，最常見的「非洲五霸」：大象、獅子、犀牛、野水牛、花豹和「非洲五傑」：獵豹、鱷魚、鬣狗、河馬、長頸鹿等，我們都幸運地能親睹牠們的風采。

　　印象最深刻的，是隊伍宛如長蛇、數量陣容驚人的牛羚群，根本看不見隊伍的盡頭，如此充滿生命動感的自然奧妙就在眼前上映。一群獅子從容優雅

地經過吉普車前,偶而慵懶地打哈欠,完全無視於我們的存在。象群攜家帶眷、緩慢地往小丘步行;長頸鹿聚集在池邊休憩,與我們大眼瞪小眼,不知到底是誰在觀察著誰。

即便是草原上散落的白骨,也沒有毛骨悚然的氣氛,取而代之的是對物競天擇的生命循環有更深一層的體認。在大自然不可思議的造詣下,我們和牠們,都是遊歷在這場生命旅程的旅者和冒險家,共享、共存、共榮。

馬賽遊牧民族和大自然的生存之道，現實與傳統文化的拉扯

「一美金！一美金！」耳邊傳來一陣吵雜聲，還沒意會過來，馬賽女人們已蜂擁而上。車子在保護區入口前停留，工作人員一車一車檢視旅客護照。趁著空檔，部落的女性一窩蜂地湧上前，拿著手工製作的耳環、項鍊、木製面具等紀念品，熱切地向遊客們推銷，每一台車中的每一筆成交，都是他們重要的經濟來源。

站在我窗前的馬賽女人掛著燦爛的笑容，手上一大串的手作飾品，有手環、面具、項鍊等，用五顏六色的串珠編織而成。我搖搖頭，笑著婉拒。馬賽女人面有難色，卻依舊微笑、用帶有迫切感的語氣詢問。

「多少錢？多少錢你願意買？」

同行夥伴陸續被誘惑攻陷，價格毫不留情地往下試探，馬賽婦女們也卯足全力，秀出手上所有最好的商品，雙方都在稍不滿意但可接受的階段成交。一半的人帶著滿足、一半的人帶著無奈，繼續轉往下一台車進攻，辛勤地為

每筆生意努力。我見識到她們專注打拼的神情，但也看見了笑容背後的艱辛。在這樣的環境，必須妥善把握每一次的銷售機會。

馬賽族被譽為最懂得與野生動物相處的遊牧民族，保護區內常會看見他們帶著成群牛羊放牧的蹤影，即便下一秒可能就成為盤中飧，他們仍無所畏懼地在草原穿梭。男人負責補獵，女人處理家計，十五歲過後，馬賽人開始學習狩獵，獅子是最大天敵，也是成為戰士的最佳證明。馬賽男人如果獵殺獅子，將來娶老婆可是免嫁妝呢。此外跳躍技巧越好、跳越高也可降低聘金。

時代變遷，光靠放牧已無法維持基本生計，於是他們結合部落文化優勢，收取十至十五美元的入場費帶遊客參觀。歡迎舞、吹箭、鑽木取火，遇上英

飆悍的馬賽族分布在肯亞南部草原地帶，穿著鮮艷的紅色斗篷束卡。

文流利的馬賽人，還能聽到關於他們祖先的傳奇故事，雖已略帶觀光性質，仍是相當新奇。部落生活條件還很原始傳統，房子由婦女使用牛糞、泥土自行建造，一家子在無水無電的狹窄空間裡生活。終年放牧，倚靠牲畜的肉、血、奶維生。環境中揮之不去的蒼蠅，被奉為神靈不得驅趕，停留在孩童稚嫩純真的臉龐上，我們外人看來的窮困髒亂，卻是他們世世代代習以為常的生活方式。

有個馬賽人領我去參觀他的住處，昏暗狹小的空間內，一個婦女正用柴火煮著簡單的玉米粥。他用手在泥土地上寫了馬賽文字，意思是「快樂」，說是送給我的小名。在他們的傳統裡，給予馬賽名就是一種防禦及祝福，希望我享受生命的健康喜樂。

剃光頭的馬賽年輕女性。首飾圓珠有不同涵義，白色象徵和平、藍色象徵水、紅色象徵血和勇敢。

孩童們純真的嬉鬧，對外來客既害羞又充滿好奇。

　　就在我沉溺感動時，他冷不防從口袋中掏出一大串手工項鍊，笑著說：「挑挑看有沒有喜歡的，想要的話多少錢都可以談喔！」這時真的能深切地感受到他們為了生活而付出的拼勁。

　　夕陽下，走在穿著鮮豔紅色束卡的馬賽人身後，看著他們手持長棍的高大身影，我思考著觀光盛行和承襲傳統文化的矛盾與拉扯。下次再訪時，我想試著和馬賽人一同住在部落中，體驗他們的生活日常。一起並肩走在非洲草原上遊牧，感受和野生動物共處的自然平衡，重新用另一種視角來檢視這片大地的一切。

Chapter 35

用兩千頭紅駱駝
娶你好嗎？

埃及
EGYPT

在洋溢動人風情的國度，
再次尋找人們失落的純真。

Egypt

　　早已耳聞埃及騙子猖狂，除了見識壯觀的歷史建築和沙漠景緻之外，騙徒也是行程必修項目之一，想要全身而退、不被騙到一毛錢，幾乎是項不可能的任務。對某些埃及人來說，從生活相對富裕的觀光客身上撈點油水，猶如得到喜捨樂施，是一件理所當然的事。即使被抓包，他們仍能臉不紅氣不喘、理直氣壯地理出一套謬論與你爭辯。

　　猶記某位前輩的經驗談，一個身上有「我愛台灣」刺青的計程車司機，以便宜到幾乎半買半相送的車資引誘他搭乘，但抵達後卻獅子大開口，讓他付了將近十倍的車錢才順利下車，損失慘重。

開羅西郊吉薩高地的金字塔區。

「看到有人刺我愛台灣，不要懷疑，跑就對了。」他又好氣又好笑地說著。

實際上，在埃及旅遊期間我也遇上不少騙子，拌嘴鬥智，留下不少深刻的逗趣回憶。

旅社張貼公告「別相信任何人」，相當諷刺。

觀光客的絕地大反擊

開羅金字塔區，被遊客比擬為騙子大本營，常見的手法包含漫天開價的駱駝巡遊、偷天換日的假門票、角色扮演的假導遊、以各種名目索取小費等，一不小心就可能落入陷阱。由於事前做過功課，諸如此類的假意詢問我都巧妙避開，秉持著「不貪心、堅定態度和立場、適時地敞開心胸」的原則，其實會發現埃及人也沒有像傳聞中那麼狡詐陰險，相反的還有點樸實的呆萌感，招式也大多如出一轍，有時真遇上了，還會不經意地想「噢！又來了，換個新招好嗎」。

而我們在路克索參觀有名的帝王谷陵墓時，就碰上了貪得無厭的守衛。由於陵墓內被視為神聖之地，禁止遊客隨意拍照，但興奮的同行旅伴沒注意警示標誌，正準備按下快門，就引起了守衛的注意。

洋溢特殊氛圍的街景。

帝王谷與哈姬蘇女王祭殿。

「嘿，我的朋友，你們是不是偷拍照？」他上前試探性地詢問。接著又補上：「如果把你們送去警察局，知道會有多大的麻煩嗎？罰款兩千鎊跑不掉。但如果你們願意給點小費，我就會乖乖閉上嘴巴，不找麻煩。」

「沒關係，有拍到的話我們刪掉照片就好。」

「不管刪或不刪，你們都會有麻煩，所以還是給我小費吧。」

「不要，我不會給你任何錢。」說完我立刻轉身往陵墓內走。

「為什麼？你不怕惹麻煩嗎？」

「你怎麼確定我們有拍？」我瞪大眼睛，滿是氣憤地反問。

「你怎麼可以這樣欺負遊客！我認識很多很棒的埃及人，他們友善親切，但就是因為有你們這些人一天到晚壓榨觀光客，大家才會流傳埃及騙子多，來這邊玩也不願意相信人了。」我劈頭就是一大串，一度激動到快落淚，連我的友人都詫異地呆站著。

大概是被我的一番話打動，他一改態度，臉上滿是愧疚，或許從未想過有一天會被觀光客如此反擊。

「我向你們道歉，讓我們忘掉不愉快，重新當朋友好嗎？我當你們的免費嚮導，想在裡面拍照也可以，就當作是賠罪，也不會找你們任何麻煩。」

我們上演異國大和解，聽著他細心地介紹壁畫和歷代法老的故事，壁上精美的聖碑體浮雕，彷彿在數千年歲月的洗禮下，依舊清晰地顯現了那個年代的輝煌，考量到尊重規範與逝者，最終我們還是放棄在內部拍照的大好機會。離開前，守衛輕輕地親吻了我的手背，和我們揮手道別。在埃及，吻手禮表示敬意或是和恩人致謝之意。

「埃及人還是滿純真可愛的啦！」我又好氣又好笑地說。

率直的真誠表現，換來了彼此的尊重和肯定，讓這趟帝王谷旅程沒有敗興而歸。在外面四處闖蕩，若能維持這樣的心態，不僅能讓自己在危急時穩定心神，也可能因此化解許多不必要的糾紛。

計程車司機哈比比的盛宴款待，一日工資全上繳給我？

在古文明勝地路克索，除了遇上最終反璞歸真的守衛，更遇上了載我和友人到這裡的計程車司機哈比比。其實他的本名是歐曼，

歐曼盛宴款待的飯菜。大餅、乳酪、番茄、小黃瓜等埃及當地菜色。

門農巨像／女王祭殿／哈布城

在阿拉伯文中，對喜歡的人或是好朋友的親密暱稱就稱為「哈比比」（Habibi），意指「我的甜心」。

　　會認識歐曼完全是因緣際會，當時我從西奈半島搭了十八個小時的車來到路克索，巴士在清晨抵達目的地。周遭的計程車司機們蜂擁而上，像是要生吞活剝我們這些旅客，一個不注意，行李就可能被半強迫地搬到車上。為避免被敲竹槓，加上旅社僅有兩、三公里的距離，我仍決定在烈日之下步行前往。堅定拒絕了所有找上門的司機，只剩看起來憨厚老實的歐曼，還不死心地留在原地等待。

　　「二十鎊」、「不」、「十五鎊」、「不」、「十鎊」、「不」、「五鎊」、「不」、「免費載你？」、「不」。我們就這樣你一言我一語地你來我往，最後連免費選項都出現了。但深知天下沒有白吃的午餐，想貪小便宜，埃及絕不是個好地方。

不過歐曼拿著我旅社的名片，還是堅持免費載我過去，因為我入住的同時，他可以因為載我而收到些許佣金。看著他鍥而不捨的模樣，我答應了，心想真被敲竹槓也認了。抵達時，我仍然拿了十鎊準備付給他，可是歐曼卻秉持諾言婉謝了。

「我答應免費載你來的，如果你明後天要去西岸玩，再找我包車好了。」他笑著說。

隔日，我找了同寢的中國夥伴L和一樣來台灣的奧斯汀，準備一起包車同遊，我們是湊巧相聚的成員。L是我無聊到跟著旅社員工去火車站招攬遊客時，被我誤打誤撞說服來住宿的。奧斯汀則是被計程車司機騙來，原本他要去別間、卻被拐來我們這家，司機還硬拗是同一間，他只好無可奈何地住下了。

請歐曼載我們到西岸一日遊時，他二話不說地答應，還給我們非常優惠的價格。造訪了哈布、哈姬蘇女王祭殿、帝王谷等。千年古文物非常值得一探究竟。過程中歐曼都耐心地等待，但每次見我們從景點走出來，都會故作哀怨地說：「不是說好一小時嗎？又變兩小時啦。」接著又會開心地嚷嚷著要帶大家前往下一個景點。

自製釣鉤捕魚的埃及孩童。也會在街邊收集材料製作玩具。

不免俗的，我們還是有被帶往紀念品店，大概是知道我們窮遊背包客的消費力。我買了一套明信片，他還幫著我一起殺價，並送了一條水藍色項鍊給我，說要作為友情的紀念。奧斯汀不斷虧我，如果今天我不在，他和L得到的對待一定天壤之別。沿途我們嬉鬧著要他教我們阿拉伯文，也是在這個時候，他教了我們「哈比比」這個詞。

「你就是我的哈比比呀。」歐曼拿我舉例，還額外教了交往、結婚、老婆等一堆相關單字，讓我哭笑不得。

一日遊的尾聲，歐曼帶我們去他家參觀，還準備了豐盛的美味佳餚款待我們，並展示家中農舍裡的牛、驢、馬、羊等牲畜。由於經濟環境尚可的埃及人，家中牲畜皆被視為重要資產，早期有錢有勢的人還會用駱駝當聘禮，尤以紅駱駝的價值最高。時至今日，埃及男人還會用「我有好幾千頭紅駱駝，嫁給我好嗎？」來凸顯自身身價。

「我爸媽也很喜歡你耶。」歐曼說明完，就這麼對我說。

「我在台灣有男朋友了啦。」為了脫困，我編出了善意謊言。

「台灣男人不好啦！埃及男人才好！」歐曼怨懟地說。

「奧斯汀也是台灣男生喔，你這樣說把他放在哪裡？」我打趣地說。

「喔！我的朋友，真是太抱歉了，你是很不錯啦。」他才趕緊改口。

抵達旅社時，我們三人決定給歐曼當初約定兩倍的錢，算是對他熱情款待的感謝。沒想到他立刻將所有的錢塞回我手中。

「免費、免費、沒問題的，我的朋友。」他羞澀地笑著。

最終我們執意要他收下，而奧斯汀也笑著對我說：「溫蒂，我覺得這個可以，你看一個男人辛辛苦苦工作一整天，還把他一日工資全部上繳給你，絕

對是好男人！太浪漫了，錯過可惜喔！」

　　像歐曼這樣樸實真誠的埃及人其實真的不少，雖然被稱為騙子猖狂的國家，但多數人都還是像他那樣腳踏實地地勤奮工作。

尼羅河小鱷魚，傳說掛在門口可避邪。

一個善意舉動讓火爆老闆感動落淚

　　西奈半島憑藉燦爛陽光、清澈海水及摩西十誡故事裡的西奈山，每年都吸引了大批遊客造訪，加上埃及物美價廉，也成為觀光客的購物天堂。即便時間將近凌晨十二點，主要大街仍熱鬧得像個不夜城，旅客似乎都沒有回房間睡覺的打算。

　　和另一批台灣夥伴結束一整天的浮潛行程，在海鮮餐廳享受完水煙和美味佳餚後，我們想在回旅社前去購買伴手禮。走進幾家紀念品店隨意瀏覽，秉持在埃及一定要貨比三家不吃虧的原則，我們決定今天先比價，明日再來大肆採購。

　　流連在一家頗具規模的茶葉專賣店，空氣中有著淡淡茶香，酷酷的老闆伴隨在旁。「需要什麼嗎？要介紹的話跟我說」他冷冷地表示。

西奈半島清澈海水。周邊是等待載客的駱駝群。

　　我們捧起茶葉聞香，詢問推薦的茶款及價格後又隨意逛了一陣，表示會再看看就準備離開。

　　「去你的星期六！去你的遊客！去你的再看看！」他連聲低語怒罵了好幾聲。由於說得很小聲，似乎只有我一人聽到，我悄悄地轉述給同伴。

　　「嗯，今天可能沒什麼生意，他才會心情那麼差吧。」

　　「但再怎樣心情不好，也不能罵客人吧！」

　　「還是回去跟他買？反正我們本來就要買茶。」雖然怒罵的舉動並不恰當，但我們心想或許能為這個老闆做點什麼。

　　「老闆，我們回來了，我們是真的想買茶啦！」原本扳著一張臉的他，一時語塞，眼眶逐漸泛紅，似乎沒想到我們會掉頭回來。

　　「可是我對你們說了很不好的話，我不能做這筆生意。」一個落淚的大男人就這樣哽咽地說著。

　　「今天生意很不好，雖然很多遊客，但走進來都只是看看、問價格，我盡

全力服務每個客人，有些還花了好多時間，但他們最後卻什麼都沒有買，謝謝你們體諒。」他委屈道歉。我們則一邊挑選，一邊安慰著他。

「你們從哪來的？」破涕為笑的老闆多舀了幾匙茶葉送我們。

「台灣！」我們驕傲地回答。

最後，我們彼此都愉悅地結束了這一天。茶葉其實不貴，但我們得到的卻遠超過它的價值。如果當時我們也賭氣離去，留存在記憶中的就只有店家爆粗口的回憶。而將心比心的舉動，則可能為彼此帶來溫暖。每個人總會有低潮的時候，多一份善意與給予、多一些理解和尊重，都會讓人銘記在心。

如有機會到埃及遊覽，放開心胸感受人文歷史，享受美景，學會和當地人將心比心打交道，你會發現埃及並非如坊間傳聞的只有騙子和色狼。相反的，他們的重情重義、較真的直率個性，可是充滿了獨特的民族魅力呢！

Chapter 36

繞了大半個地球，
跨越國籍和年齡的真摯友誼

澳洲
AUSTRALIA

每一次的相逢，都可能成為完備自己的養分。
正因為如此，我們熱愛探索，也從其他冒險者身上學習到珍貴的事物。

著名地標雪梨歌劇院。

Australia

　　澳大利亞，源起於拉丁語，意思是「未知的南方大陸」，澳洲對多數台灣人來說並不陌生，近年也被不少年輕人奉為Working Holiday勝地。對澳洲，我也以為自己略懂一二。

　　「你知道雪梨歌劇院的設計靈感其實是來自剝開的橘子瓣嗎？」

　　「袋鼠的數量幾乎是澳洲人口的兩倍多喔。」

「我們的首都不是雪梨，是坎培拉！」

朋友描述著自己的家鄉，才讓我意識到自己認識的澳洲只是冰山一角，但很確定的是多數澳洲人待人熱情友善，包容性強且不吝於互助，這也是為何我答應這趟旅程一定會到澳洲找他的緣故。

抵達雪梨機場，一出關便看到有人熱情地揮舞著台灣小國旗。他是Colin，一位年屆七十歲的澳洲爺爺。熱情開朗的他知道我即將來訪，二話不說就前來迎接。

跨越年齡隔閡的冒險者友誼。Colin準備了二〇一六和二〇一七的生日卡片及禮物等我到來。

相逢於印尼海島，建立用心溝通的自信

和Colin的相識，緣起於這段旅程的開始。當時我正一路從印尼日惹、泗水去到峇里島，並搭船來到龍目島上方的吉利群島。這位於離島之外的離島，猶如世外桃源，是不少背包客遊樂潛水的天堂。吉利群島不大，分為最大最熱鬧的Gili Trawangan、潛水勝地Gili Meno及最適合放鬆的Gili Air。Trawagan又被稱為派對島，吸引不少歐美旅客造訪，當地人戲稱想飲酒狂歡就不能錯過GT，想舒心休憩就選擇GA。

　　麻雀雖小，五臟俱全，GA島最小也最原始，徒步環島大約一小時可走完。清澈的海水、寧靜舒適的步調，踏著細沙漫步甚是舒服。想潛水的話，只要在路邊租借蛙鏡和呼吸管，縱身一躍，處處可見絢爛斑斕的珊瑚，以及在身旁自在遨遊的小丑魚和海龜。上岸後，我隨意踏在一條小徑，這時有個老爺爺出現在我的前方，由於腳踏車腳架故障，他正一邊扶車一邊拍照。

　　「嗨，需要幫忙嗎？」簡單的問候，不僅開啟話匣子，也搭起了我和Colin的友誼。

市區最出名的維多利亞商場。╱雪梨跨海大橋╱雪梨港夜景

「我在這個月剛啟程，印尼是我的第一站，還有很多不確定的因素，雖然很緊張，但也很期待！」

「退休後，這也是我第一次決定出來走走。跨出舒適圈是很勇敢的決定啊！你擔心什麼呢？」

「很多啊，語言、金錢、不適應環境。我對英文不是很有自信，如果聽不懂的話要請您多包涵喔。」我笑著先自招。

「不會呀，你說的很棒啊！」

「我單字量不夠、文法也不好，對方語速快或是有口音時，我就完全跟不上了。」

「你說得很棒，要有信心，如果有人聽不懂，那一定是他們的問題。真心想聊天對談的人，一定也會用心傾聽你想表達的事情，如果不想，那也不用

澳洲限定版笑翡翠叫聲十分逗趣，其他順時針依序為澳洲針鼴、鵜鶘、小袋鼠。

太在意。你看我們聊那麼久，不是都沒問題嗎。」

　　一席話讓我恍然大悟。人與人的交流建立在彼此的仔細傾聽與用心訴說，就連肢體語言也是種溝通方式，當彼此希望互相了解時，就會發現很多隔閡藩籬其實都是自己築起的。

　　Colin的鼓勵，讓我像吃了大補丸般信心大增，也加深了開口「説」的勇氣。宛如認識多年的好友，我們毫無窒礙地暢所欲言。友誼的本質其實很單純，而且不分國籍與年齡，更不分場合與時間長短。

　　「溫蒂，好好享受你的旅程！世界很大很美，值得花時間去探索。我年輕時也曾用自己買的第一台BMW重機，從東岸的雪梨騎到西岸的伯斯呢。如果你來澳洲，也別忘記聯絡我喔！」他眉開眼笑地説。

澳洲公路之旅，來找尋限定版動物吧！

　　這段萍水相逢的緣分，就靠著彼此間的聯繫扎深了根。原本Colin並沒有使用任何社群媒體，只靠著email書信往來。得知我用臉書記錄旅行歷程時，他也開始學著用了。沒想到年屆古稀的老爺爺，竟然為了旅途中巧遇的機緣做了人生的新嘗試。

　　「我申請好了，現在朋友只有五個，你是其中最重要的那一個。」他開心地跟我炫耀著。

　　旅途中，無論是遇到戀愛死胡同、非洲遭遇綁架，各種喜怒哀樂我都會和他一起分享，他也會給予實質的建議及鼓勵。因為緣分很巧妙，縮小了人們在這寬廣世界中的距離。旅途不斷重逢相遇，而十五個月後，我終於要踏上澳洲這片土地。

　　「你終於要來了！」迫不及待的Colin規劃了公路之旅，準備帶我一窺他的國家之美。

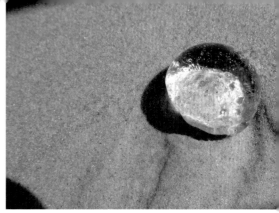

在Noosa遇上透明水母及優游的海豚群。

「你知道澳洲國徽為什麼會選用袋鼠和鴯鶓嗎？」

「因為是特有種的關係嗎？」

「因為牠們都只會往前跑不會向後退，象徵國家只會不斷勇往直前，持續進步。」

這個典故很有道理也激勵人心，從在地人Colin的口中聽到這些，也讓我感受到他對家園的自豪與熱情。

多變的澳洲，山、海、雪景一次收集。

全長一點四五萬公里的「一號公路」，是澳洲最長的公路，只要一直沿著這條路，就能整整繞澳洲一圈。我們從雪梨一路南下至墨爾本，因為緯度的變化，途經叢林、海岸、雪山等多變的環境地景。溫差從七度變化到二十八度，遇見各式各樣的昆蟲與動物，怪不得曾有人形容「生活在澳洲，就像是生活在其他星球」。一路上，我搜尋著袋鼠、無尾熊、袋熊、鴨嘴獸的身影，因為多為夜行性，路段標示也會特別提醒動物出沒、小心慢行。

「我們有條袋鼠死亡公路，等等看了不要難過。」Colin 説。

澳洲法律有規定，即便撞到動物也不要停下來，避免因為打滑追撞，導致更嚴重的車禍。一年光是袋鼠造成的車禍就有將近兩萬件，佔動物車禍比例七成。車損事小，最怕就是危及生命。

沿途真的看到不少袋鼠遺體，一開始還會心痛鼻酸，後來竟有些見怪不怪的麻痺感。因為袋鼠數量氾濫，也有人認為這也算另類的生態循環。雖然也有不少觀光客喜愛品嚐袋鼠肉，但是在六十多種的袋鼠裡，其實只有

袋鼠搔肚抓背的樣子，活像個大叔。

少數四、五種是可以食用的。

回程路上，我正怨嘆沒看到袋熊，就在不見此熊影、只聞其便味時，剎那間，前方路中央突然蹦出一隻小袋鼠，我忍不住驚叫出聲。還好車速不快，牠快速跳過，消失在另一側的叢林裡。

「歡迎來到澳洲！」Colin逗趣地說。

我一直想近距離接觸野生袋鼠，終於在露營地有機會完成這個願望。剛開始還很害怕被攻擊，因為袋鼠有強健的後腿和銳利爪子，一不小心被猛踢可是會遭殃的。意外的是牠們十分親人，除了願意主動接近，有的甚至還像大叔般愜意地在草原上搔肚抓背，不禁讓人懷疑是不是操偶師偽裝的。

這趟公路之旅，還意外踫上了天下第一毒的黑寡婦、超毒海蛇、食蟻獸、笑翠鳥、果凍般的透明水母，生物多樣化的澳洲，就像是一本活生生的動物大百科，充滿了驅使人探索的新奇感與動力。

紐澳限定藍光蟲，置身於藍色銀河之中

這裡存在著一種會發出藍色光芒的獨有生物，被稱作藍光蟲，全世界只有澳洲和紐西蘭能看到。當數以百萬計的牠們於漆黑潮濕的洞穴裡同時發出光芒，那幅景象就有如同浩瀚宇宙中的點點繁星，如夢似幻地盡收眼底。

「你想看嗎？我家附近就有啊，晚上帶你去。」

Colin家位在雪梨近郊，周圍林木環繞，十分親近大自然。夜晚入睡時，屋頂總是會出現奇怪的聲響，那都是夜行動物們正在飛簷走壁。有時這些貪吃鬼們還會光顧自家菜園，大快朵頤人們辛苦栽種的蔬菜。

附近有處廢棄已久的鐵路洞穴，就是藍光蟲隱身的秘境，因為不是觀光景點，所以是當地人才知道的私房名勝。當天傍晚前往時，僅有我們和一對年輕人造訪。

「我們沿著鐵軌繼續往裡面走吧。」洞穴內一片漆黑，看似有點恐怖，但些微的藍光稍微沖淡了這種氣氛。藍光蟲和螢火蟲常被混為一談，但其實兩者有很大差異。螢火蟲會飛翔，發光主要是為了求偶、傳宗接代，但藍光蟲發光則是因為「飢餓」，光芒不會閃爍，而是像珍珠幽光般，吸引獵物上門，越餓光芒還會越耀眼。看似夢幻壯麗的藍光串珠，其實都是一隻隻飢腸轆轆的藍光蟲，正為了下一餐而賣力演出。

路邊什麼動物都有，遇見什麼都不奇怪。

白天的廢棄洞穴，在晚上搖身一變。

在維多利亞國立美術館遇見客家花布。

無緣見到的無尾熊，但街頭藝術隨處可見。

由於藍光蟲怕光線也怕噪音，一旦被手電筒照射到就會誤以為是白天而停止發光、進行休眠，需要一陣子才能恢復正常。不發光則無法正常獵捕，很容易因此餓死，所以踏入藍光蟲的家園，就必須要謹守大自然的規矩。

我們用微光照著地面，緩慢地摸黑前進。抵達深處後，才驚訝地發現自己已經置身在藍色銀河系之下了。滿天星斗的奇觀宛如置身於夢幻天堂，熠熠生輝的光影，像是一場由大自然演出的生態燈光秀。我靜靜欣賞著，也祈願藍光能帶來美麗的祝福，照亮自己與友人的每一段旅程。

「祝我們的友誼發光發亮，但希望不是因為肚子餓的關係喔！」說完，Colin開懷大笑起來。

Chapter 37

在踏上歸途前，
進入繪畫般的國度

紐西蘭
NEW ZEALAND

漫長的旅途即將告一段落，讓我們沉浸於美麗的景緻，
為這次的冒險做一個總結，並期待下一次的啟程吧！

這趟漫長的壯遊旅程即將告一段落，在快要返家之前，我的心情卻七上八下的，感覺像是想繼續流浪的心還在持續蠢動。「那就去我們的好鄰居國家走走吧！那邊是戶外活動勝地，你肯定會喜歡的。」Colin這麼說道。

紐西蘭，號稱世界最後一塊淨土天堂，風景如詩如畫，擁有火山、積雪高山、壯麗湖泊和最適合觀星的環境。被稱為活地形教室的紐西蘭，由南島與北島兩個主要島嶼組成，中間被庫克海峽分離。面積足足有台灣七倍大，人口密度卻只有台灣的七分之一不到，而且這裡的人類只佔所有動物的百分之五，據說就連日本販賣機的數量都比紐西蘭的人口還多呢！

庫克山宛如畫中世界般的雅緻美景。

　「和我們澳洲不一樣，紐西蘭可是半條蛇都沒有喔！」由於在過去的悠久歷史中，紐西蘭和其他洲被大海隔開，因此在這與世隔絕的島嶼上沒有猛獸和蛇類侵擾，所以不會飛、生性慵懶嗜睡的國寶「奇異鳥」才得已悠閒自在地繁衍，直到人類的出現。

閣下有嚐過史上最貴的相思豆嗎？

　一下飛機，就見到滿滿的警示文宣和排隊人潮，為防堵外來種並保護生態環境，這裡對旅客入境行李的安檢十分嚴格，全世界飛往紐西蘭的班機都會先在北島的奧克蘭落地檢查，確認物品不會破壞生態才能飛往其他機場。

　　因為一路上多半自己開伙，身上總會攜帶一兩包米或義大利麵當存糧，這次為求謹慎小心，在填寫入境單時我就主動申報，勾選了有攜帶食物，就算開包檢查發現違禁品，確認後進行丟棄也符合沒有隱蔽的原則。

　　在詢問幾個簡單問題後，安檢人員請我走快速通道，X光掃描器下行李一覽無遺，直到開包檢查疑慮物品，才發現有包澳洲青旅同伴相贈的紅豆！而這包紅豆，也成為我有生以來收過最貴的一包！

　　「小姐，這包紅豆不能攜帶唷。」

紐西蘭分為北、南島。南島尤以自然資源著稱。

除了最貴的罰單，還有最多胸罩的景點和最陡的路。

「沒問題，請直接丟掉吧。」我二話不說就放棄它。沒想到隨之而來的，還有一張四百紐幣的罰單。晴天霹靂的我企圖和海關溝通，卻換來不耐煩的臭臉及拒絕。由於我有主動申報，當下決定拒絕支付並進行申訴。其實從二〇一九年四月開始，紐西蘭海關就被賦予權力，可直接針對違規個人或企業開立罰單。個人罰單四百、企業則為八百紐幣，違規項目包羅萬象，包含拒絕回答或蓄意錯誤申報，都有可能吃上一張所費不貲的罰單。簽名留下資料後，我懊惱地離開機場前往市區青旅。

晚間，當我還在懊惱的同時，發現交誼廳的大家正你一言我一句地討論。

「我帶三包菸被罰！誰知道只能五十根，一般國家不是都一條嗎？」

「我吃剩的半顆蘋果放在口袋忘記丟，也被罰了。」

在奧克蘭街頭，還遇到台灣原住民到此進行文化交流。

「我也是,我那包紅豆有申報也被罰!」

盤點過後,才發現我們這個小群體中,有史上最貴的菸、最貴的蘋果及紅豆,一群人苦中作樂,一陣喧鬧稍稍平復了我受傷的心靈,即便是這種情況,有同伴真的好重要。

「入個境,怎麼這麼困難?」我們哀號著。但換個角度思考,也正是因為這種世界最嚴格的把關,才能讓這片土地如此純淨。我們的最終結論,就是與其提心吊膽地思考什麼能帶什麼不能帶,倒不如只攜帶衣物等必備品,清清爽爽地造訪這個國家。

再一次鐵齒,再一次的旅平險魔咒

除了得天獨厚的環境之外,在紐西蘭不能錯過的,還有此生要體驗一次的高空跳傘。來到這項極限運動的發源地,當然得享受從萬米高空一躍而下的刺激感。皇后鎮和瓦納卡是多數遊客選擇的跳傘勝地,沿途觀察天氣和價格,最終我在網路預訂行程,決定在瓦納卡展開初體驗。

上機前忐忑不安,在手上寫下我愛台灣的字樣。

　　坐落在南阿爾卑斯山脈中部心臟地帶的瓦納卡，被譽為最美的湖邊小鎮。來到跳傘公司，先選擇跳傘高度（九千英呎二十五秒、一萬兩千英呎四十五秒、一萬五千英呎六十秒下落）、以及拍攝規格（影片、照片），配備舉凡防風衣、護目鏡應有盡有，只需要穿著輕便的衣服即可。接著進到設計成機艙的小房間觀看影片學習相關注意事項，經過專人細心解說後，簽署後果自付的生死狀，便整裝待發！

　　等待區的牆上寫著大大的標語「STRAP YOURSELF TO A BEAUTIFUL STRANGER」意思是「把自己和美麗的陌生人緊緊繫上吧」。是啊，飛行教練和我們的生命可說是緊緊相依呢！每逢跳傘旺季，他們一天都要跳上個十來回，每一趟都是一次賭注。也因此紐西蘭政府對極限運動業者可說是非常嚴格，會以最高標準來要求業者，保障教練和遊客的安全。

　　等待小飛機起飛前，已分辨不出自己是興奮還是強顏歡笑了，途中一度因為風速過大，我們還從停機坪撤回來，再等了半小時，才終於在風速許可下準備翱翔起飛。當飛機駛向天空，看著窗外的山川河流越來越小，伴隨著皚皚的雪山和晶瑩蔚藍如鏡的瓦納卡湖，此刻的內心感受卻不是心曠神怡，而是加速的心跳與激增的腎上腺素共演的協奏曲。

　　跳傘排序第二的我，坐到機艙門附近，一眼望去，我們正凌駕在雲海之上。教練為我信心打氣，要我一切放心，全都交給他。

　　「別擔心！等等包在我身上，你就把自己當成一根香蕉就好。」

　　「欸，香蕉？」

　　對，這個自由落體姿勢就名為「Banana Position」。雙手和頭部維持和跳機前一樣，將背稍稍拱起，雙腳併攏向後勾，讓身體自然呈現香蕉狀。

　　「準備好了嗎？GO！」

順利降落！終於有腳踏實地的感覺。

　　一躍縱身跳下，由於氣壓和重力加速度，此時千萬不要咧嘴笑，否則會像哈巴狗的嘴皮那樣瘋狂亂顫。等教練拍打肩膀示意後，我張開雙臂舞動，由於距離地面還有好遠的距離，比起高空彈跳，驚恐指數相對降低。來到史詩場景般的壯麗風景，教練會在適當的時機開傘，咻地一聲讓我們飛升，接著便如同老鷹一樣盤旋在天空，山川、河谷與湖泊等景緻盡收眼底，俯瞰整個瓦納卡湖美麗的仙境美景。

　　就這樣，我們乘著風轉啊轉，正當我開始覺得暈眩，想和教練說差不多可以準備著陸時，風卻開始淘氣起來。我們被吹過來又吹過去，漸漸偏離了降落區，往另一個山頭飛去。起初教練還老神在在，但風速過大後就變得難以控制，一陣陣強風把我們越吹越遠。

　　方才沉著的教練在我身後罵了一聲髒話，語氣中略帶不安。被綁著的我無從看見他的表情，我只知道，現在我們是生命共同體啊！在這種緊張時刻，我想到的竟然是旅平險又過期了！先前就是抱持僥倖的心沒續保，結果就在冰島遇上車禍翻車。這次沒學到教訓，想說即將返台就不再續保，無奈意外狀況的降臨就是如此突然。

莫非定律不斷地在我的旅遊人生中驗證，默念幾遍神明求保祐後，我還故作鎮定。「教練，我們會平安的啦！你不要緊張。」但其實我心裡只想著「媽呀，快讓我降落啊！」

底下的工作人員一度慌張地開車沿路跟著我們的飛行傘，就怕需要迫降到其他區域。好不容易終於逮到正確時機，平安著陸。工作人員跑來安撫驚魂未定的我，這時同行的旅客也放下剛才的緊張情緒，對我豎起大拇指。

「誒！你超划算，人家是四十五秒自由下落，你可能有四百五十秒以上喔！真是賺到了！」

返家的近鄉情怯，說不想回家還真的回不了

這樣的莫非定律，也一直延續到旅程的最尾聲，就在一直大聲嚷嚷著不想回家的同時，這下好了，還真的上演一齣飛機上不去、轉機班機差點接不上的驚魂記。旅程果真到最後一刻都這麼變化無常，精采萬分到無法鬆懈。

回程我始終如一選擇了廉價航空，航班預計從紐西蘭的奧克蘭飛往澳洲黃金海岸，接著前往馬來西亞後再折返回台灣，這趟旅途很長，而且回家的這段路也不輕鬆。一如往常，我提前兩個小時到機場，完成報到、託運，長長人龍再度出現在海關出境檢查區。

環島旅程，沿途就像夢幻天堂。

不停轉乘，最後一班飛機我有三張機票。

　　時間滴滴答答過去，隊伍一直沒有前進的跡象，很多人直接坐在地上等待，不久後便開始對地勤鼓譟起來。登機板持續播放登機中、閘門即將關閉的訊息、後續時段的班機也陸續顯示登機中，但現場根本沒有人在動啊！

　　此時才響起微弱的廣播聲：「機場安檢需再次確認，造成大家不便請見諒。」原因是有扇安檢門出了狀況，但機場人員第一時間未注意到就讓旅客通過，發現時為時已晚。考量到飛安問題，所以全數停飛等待重新檢測。已登機的旅客和機組人員都得全部下機重來，而我們這些等著上去的當然就先被擋在外頭，才會發生機場大塞車這種窘境。

　　「好個紐西蘭！入境跟出關都這麼不容易呢！」周遭也響起自嘲式的苦中作樂。

　　隊伍中，排在我身後一位來自阿曼的女孩，得知我即將結束旅程返家，看到我手上滿滿的紀念手環，便將刻有自己名字的手環拿下來遞給了我。

　　「很開心在紐西蘭的最後一個瘋狂時刻加入了你的旅程。這送你當作紀念，還是你要不要因為班機延遲就乾脆繼續留下來玩？」她笑著說。

　　等了將近兩個小時後，才順利通關登機，到了澳洲黃金海岸也是馬不停蹄奔馳，好不容易趕上臨時加開的班機後，抵達馬來西亞還是得再重新登記班機，還有旅客甚至被安排要等到隔一日才能補上班機。

「回家之路，真的漫長艱辛！」嘴裡説著不想回家，現在還真的讓回家之路多了重重關卡呀。

幸好，我在馬來西亞的最後一刻還是登記到晚班班機，才真正踏上歸途。在這樣特別的情境下，也才更能夠體會「旅途永遠不會真的結束。無論啟程或返程，都只是一個過程中的階段，從這一刻起，又會是全新的開始」。

下一次的浪漫冒險，我們又會從哪邊開始呢？我想等到機緣到來之時，老天爺自然會透過各種契機促使我們再次啟程吧！

優美的紐西蘭，我們下次再見。

接下來,就交棒給你們囉!

謝謝你們讀完這本書,希望不管現在的你處在哪一種階段狀態,都能用自己喜歡的樣貌生活著。不畏懼未知,相信自己無限的可能性。不管遇到什麼難題,都能帶著披荊斬棘的魄力勇敢前行。

我想將這本書與這段旅程的收穫,獻給亦師亦友的浩吉(爸)和秀玲(媽),雖然沒有百分百的支持,卻給予我莫大的包容與體諒。記得回國後某一次家庭出遊的路上,爸爸隨口問了我:「我和你媽媽都沒有這種膽量。你出國旅行,是真不怕還是在逞強?」我笑了笑。剛開始確實有些不知所措,但踏上旅程後,漸漸也習慣了這樣的生活模式。

回想從一開始籌備期間的忐忑,到實際啟程後隨遇而安的從容,一路上酸甜苦辣的回憶,點滴在心裡。雖然在科技與資訊發達的現今,背包旅遊已不再像過去那樣存在高門檻,但就在卸下藩籬的同時,更要打破自己在內心築起的高牆。這本書並不是想傳達旅行有多美好,而是希望將勇氣的薪火,傳遞給同樣懷抱某些夢想的你。不論夢想是什麼,都該給自己一個嘗試的機會。畢竟沒起身實踐的話,有誰會知道最後的結果呢?

旅行途中並非一切都盡如人意,得透過每一次的考驗和抉擇,學著鎮定、放輕鬆、不執著,讓自己處在彈性狀態,去接受突如其來的變數和課題,並嘗試跨越它。

回來後最常被問的,就是「有覺得獲得什麼、覺得哪裡變得不一樣嗎?」就我的感受來說,其實並沒有太大的不同,因為我,只是活出一個更喜歡自己的我而已。我無法很具體地形容得到了什麼,但心境確實有所成長,也很慶幸自己做了這樣的選擇,為人生經歷增添了更豐富活潑的色彩。更因此結識了來自世界各地的人,在不同的國度多了好幾個家,擁有了外國家人與朋友。

抑或是,過去不服輸的自己在面對生活挑戰時,通常是心不甘情不願的,但現在學會了轉念的重要,體認到放手不見得就是失去,只是換一種形式去擁有。人生很長遠,不用把自己侷限在一個小世界中,覺得非要怎樣才是正確的。畢竟「無論發生什麼變動,世界都還是會用它的方式持續運轉下去」,要告訴自己,永遠當個會選擇的人。

感謝于殷總編,建議我靜下心,每隔一段時間重新檢視自己的文字,讓我找到屬於自己的風格。感謝責編承義,願意跟我一起好好磨這本書,在我想傳遞給各位的大量文字海裡,陪著我一起努力。如果要和正在看著這本書的朋友說些什麼,我想我會說:「如果你身為父母,家中孩子也懷抱著夢想,請第一時間給予他溫暖和支持。能否成功是其

次，至少他擁有了說出想法的勇氣，不要急著否決，而是陪著他一起分析判斷。」

如果你在年紀尚輕時就懷抱這樣的想法，我會非常鼓勵你嘗試，因為這個世界的寬廣真的遠超出我們所想，好好地去體驗，無關旅途長短、國家多寡，只要能經歷未曾感受的，都會是一種成長；如果你是閱歷豐富的長輩，也不用擔心現在起步會太晚，因為旅途中不乏有智慧的長者，以屬於他們的方式和步調探索世界。

最後，獻給我摯愛的朋友姊妹們，謝謝你們給我的信心，成為最強的後盾。

「勇敢是可以感染給別人的，我就是其中一個。希望你能繼續分享，因為真的會有人因為你的故事，而勇敢跨出去的！」

當自己的文字或話語得到前述這種熱情反饋時，我也深切地感受到自己好像真的在做一件有意義的事。希望把旅程中得到的勇氣和溫暖傳遞給更多正準備迎向自己目標的人。

一趟環遊世界的旅行真的不是一件難事，也不像想像中的那麼困難可怕！厲害的旅行者數都數不清，但旅行無從比較，也無從量化，因為大夥都是憑藉各自的才能，在創造自己的故事。路上遇見的人事時地物、心中的體悟感受，才會是永駐在心的。就像印度好友來台灣一起歡慶跨年、幫非洲KAKA推廣他美麗的動物畫作、寄筷子給土耳其Berfu一家人……我很幸運，旅途中締結的緣分，正以各種不同的溫馨形式延續著。

這個世界一直張開雙臂在等待我們去探索，地球的各個角落，也有好多人等著和我們分享一段故事。我認為這是一個正向循環的過程，因此希望能用自己的故事，驅動夢想的小齒輪。如果平凡如我都能做到了，那麼同樣自認平凡的你們一定也擁有某種力量，能驅使你們往夢想的所在地邁進！讓我們在尋訪的過程中，找到一個更美好的自己。

是時候，讓自己踏上浪漫冒險了吧！

是時候，
讓自己踏上浪漫冒險了。
W's viva traveling

作　　　　者	顏溫蒂	

執　行　長	陳君平
榮譽發行人	黃鎮隆
協　　理	洪琇菁
總　編　輯	周于殷
主　　編	徐承義
美術總監	沙雲佩
美術設計	陳碧雲
內頁排版	鍾睿紘
公關宣傳	楊玉如、施語宸、洪國瑋
國際版權	黃令歡、梁名儀

出　　版	城邦文化事業股份有限公司　尖端出版
	臺北市民生東路二段141號10樓
	電話：(02)2500-7600　傳真：(02)2500-1971
	讀者服務信箱：spp_books@mail2.spp.com.tw
發　　行	英屬蓋曼群島商家庭傳媒股份有限公司
	城邦分公司　尖端出版行銷業務部
	臺北市民生東路二段141號10樓
	電話：(02)2500-7600(代表號)　傳真：(02)2500-1979
	劃撥專線：(03)312-4212
	劃撥戶名：英屬蓋曼群島商家庭傳媒(股)公司城邦分公司
	劃撥帳號：50003021
	※劃撥金額未滿500元，請加付掛號郵資50元
法律顧問	王子文律師　元禾法律事務所　臺北市羅斯福路三段37號15樓
臺灣地區總經銷	中彰投以北(含宜花東)　楨彥有限公司
	電話：(02)8919-3369　傳真：(02)8914-5524
	地址：新北市新店區寶興路45巷6弄7號5樓
	物流中心：新北市新店區寶興路45巷6弄12號1樓
	雲嘉以南 威信圖書有限公司
	(嘉義公司)電話：(05)233-3852　傳真：(05)233-3863
	(高雄公司)電話：(07)373-0079　傳真：(07)373-0087
馬新地區經銷	城邦(馬新)出版集團　Cite(M) Sdn.Bhd.(458372U)
	電話：(603)9057-8822　傳真：(603)9057-6622
香港地區總經銷	城邦(香港)出版集團　Cite(H.K.)Publishing Group Limited
	電話：2508-6231　傳真：2578-9337
	E-mail：hkcite@biznetvigator.com
版　　次	2022年5月1版1刷　Printed in Taiwan
I S B N	978-626-316-548-9

國家圖書館出版品預行編目(CIP)資料

是時候,讓自己踏上浪漫冒險了。 / 顏溫蒂著.
-- 1版. -- 臺北市：城邦文化事業股份有限公司
尖端出版：英屬蓋曼群島商家庭傳媒股份有
限公司城邦分公司尖端出版行銷業務部發行,
2022.05
　面；　公分
　ISBN 978-626-316-548-9(平裝)
　1.CST: 旅遊文學　2.CST: 世界地理
719　　　　　　　　　　　111000283